devenir

SOPHROLOGUE

Éditions Eyrolles
61, bd Saint-Germain
75240 Paris Cedex 05

www.editions-eyrolles.com

Visionner les codes QR de cet ouvrage

Repérez tout d'abord les codes QR : il s'agit de codes-barres à deux dimensions permettant d'accéder à un site via un Smartphone, simplement en les photographiant. Pour lire les codes QR, il vous suffit de télécharger une application dédiée (MobileTag par exemple) et de passer votre Smartphone sur le code QR lorsque l'application est lancée. Vous serez alors automatiquement redirigé vers le site choisi.

Maquette et mise en pages : Florian Hue

Quelques mises à jour ont pu être effectuées à l'occasion du deuxième tirage.

ISBN : 978-2-212-57033-5

Veronica Brown

devenir
SOPHROLOGUE

EYROLLES

Je dédie cet ouvrage à mes enfants, Léonard et Augustin, qui furent les premiers à croire en mon projet et sans jamais faillir m'ont apporté la force, l'enthousiasme et le courage nécessaires pour me lancer et investir ce long parcours de reconversion.

Je remercie chaleureusement mes amis, Ginette, Jean-Marc, Carole et Emma, pour leur soutien et leur aide indéfectible, Marion pour son regard professionnel et mon éditrice pour la confiance qu'elle m'a accordée d'emblée.

Sommaire

Avant-propos

> *Je crois à la chance et je m'aperçois que, plus je travaille dur, plus j'en ai.*
> Thomas Jefferson

Pourquoi ce livre ?

Ce livre est destiné à celles et ceux qui se demandent « Puis-je devenir sophrologue ? » mais aussi aux sophrologues qui viennent de s'établir et ont besoin de conseils pour leur installation.

Je me propose de répondre ici concrètement aux questions essentielles à se poser avant de démarrer. Car il faut bien avoir conscience que, derrière le mot « sophrologue », se cachent ceux de thérapeute et de chef d'entreprise, deux rôles à assumer et à concilier alternativement.

Vous trouverez dans ces pages un guide simple et pratique qui vous permettra de gagner du temps, donc de l'argent, et de clarifier vos attentes. Vous saisirez précisément ce que signifie être sophrologue aujourd'hui en France, avec les multiples possibilités qu'offre ce métier. Grâce à une série de tests simples et rapides, vous serez à même de définir clairement votre projet et vos objectifs, et de les orienter en fonction de vos paramètres personnels.

J'ai choisi pour vous aider trois axes de réflexion, qui nous serviront de fil d'Ariane :

- Tout d'abord, comprendre le contexte dans lequel vous souhaitez aborder la sophrologie. D'où partez-vous ? Quelle sera votre traversée ? Devrez-vous faire des détours ? Quel est l'état de votre embarcation ? Est-elle prête ou faut-il l'aménager ? Combien de temps et d'argent cela vous demandera-t-il ?

- Ensuite, comprendre les règles du jeu et leurs conséquences : quels sont vos atouts ? Pouvez-vous compter sur le soutien de vos proches ? Quelle stratégie devrez-vous adopter pour aller jusqu'au bout ?
- Enfin, la dernière question concernera votre but, que les questions précédentes vous auront aidé[1] à délimiter : pourquoi entreprenez-vous ce voyage ? Qu'en attendez-vous ? Quel(s) sens lui donnez-vous ?

Exercer comme sophrologue n'est pas aussi simple que veulent bien le laisser penser certaines écoles de formation. Tout le monde ne peut pas devenir sophrologue d'un coup de baguette magique en quelques mois. Ce métier de passion demande des qualités intrinsèques – que je souhaite partager avec vous – ainsi qu'une bonne dose de courage et de persévérance. Si, après la lecture de ce livre, les réflexions engagées, les tests et les calculs effectués, vous désirez toujours devenir sophrologue, c'est que ce métier est fait pour vous ! Sans perdre de temps, je vous propose de trouver les bonnes raisons pour choisir en connaissance de cause, l'idée étant de faire le choix d'une formation et d'un métier non par impulsion mais par goût et en ayant conscience de ce que ce métier exige. Je vous propose de décider en ayant toutes les cartes en main.

Mon **parcours**

Après des études d'histoire de l'art à la Sorbonne, un master en publicité et communication à l'École supérieure de publicité, je décide de tenter l'aventure à New York.

Dans les années 1990, tout est facile pour une petite Française, même sans papiers. Je trouve rapidement un job dans une galerie chic *uptown* et, le soir, un autre dans un restaurant de SoHo. Émerveillée, je cours d'un bout à l'autre de la ville avec l'énergie de mes 20 ans. Aussi étrange que cela paraisse, la galerie m'envoie livrer des tableaux de maître dans un sac en plastique, « la meilleure des

1. Par souci de ne pas alourdir la lecture, nous avons choisi de ne pas ajouter la marque du féminin même si notre propos s'adresse tout autant aux femmes qu'aux hommes.

cachettes, n'est-il pas ? », selon la directrice. Sans oser la contredire, je parcours Manhattan en métro pour livrer des Picasso, des Magritte ou des Ernst à de riches collectionneurs !

Quelque temps après, je décroche un poste au fameux *Elle Magazine* et, grâce à cela, un permis de travail. D'abord en charge du marché français, je deviens documentaliste puis styliste de plateau. Là, je parcours le monde avec de grands noms de la photographie, des mannequins et célébrités de tout poil. Étonnante expérience, mais je ne me sens pas à ma place dans cet univers de luxe et de futilité. Passionnée par la lecture du *Système complet d'autoguérison* et autres ouvrages de médecine traditionnelle chinoise, je m'inscris aux cours du soir du Dr Stephan T. Chang. Je découvre avec bonheur les exercices énergétiques dont le qi gong et le taï chi sont issus et suis mes premiers cours de yoga et d'hypnose. Le temps passe, la France et ses vieilles pierres me manquent, je rentre à Paris.

À mon retour, je fais la rencontre d'Anne, iconographe. Elle recherche une assistante pour un projet d'exposition et m'apprend les rouages du métier avec une grande générosité. J'arpente alors Paris en quête de la perle rare : la bonne photo, le document inédit, l'objet de collection inattendu, et cela me passionne ! Quelques années après, je crée une agence de recherche iconographique et collabore avec la plupart des éditeurs, magazines et agences de publicité parisiens.

Cependant, l'arrivée d'Internet va bouleverser ce métier, comme tant d'autres. Les banques d'images numérisent à tour de bras, les musées mettent leurs collections en ligne, budgets et délais de recherche se réduisent comme peau de chagrin. En quelques mois, je me trouve reléguée derrière un écran d'ordinateur, à enchaîner les demandes administratives... et à sérieusement déprimer.

Je me tourne alors vers l'hypnose et commence des formations différentes : hypnose ericksonienne, hypnose classique, hypnose de rue. Je pratique un peu sur des amis, des collègues et, de manière plus sérieuse, en séance dans un cabinet que je loue à l'heure pour l'occasion. À titre personnel, je m'offre des séances de sophrologie pour apprendre à gérer mon stress. J'avais entendu parler de cette discipline dans mon enfance grâce à une cousine violoniste, qui s'était libérée d'un trac paralysant en quelques séances. La sophrologie me permet rapidement de prendre du recul par rapport à ma situation et d'envisager une réelle reconversion professionnelle. Mais je n'ai plus 20 ans et vis seule avec deux enfants. Mon premier réflexe est de faire un bilan de compétences, qui m'oriente vers un métier en lien avec le développement personnel et la relation d'aide. Un soir enfin, au cours d'une discussion avec une amie, l'évidence s'impose : en plus de l'hypnose que je commence à pratiquer de manière plus professionnelle, me former à la sophrologie ! À l'époque, la discipline est peu connue et, lorsque j'évoque ce choix autour de moi, on me regarde avec des yeux ronds.

Après quelques recherches et de nombreux entretiens en école, je trouve la formation qui me convient. Il me faut néanmoins obtenir une aide financière. Une fois le dossier déposé auprès d'un organisme compétent, je dois attendre le verdict de la commission. Résolue à suivre cette formation coûte que coûte, j'accepte un job alimentaire le temps de mettre suffisamment d'argent de côté.

Entre-temps, un dilemme se présente puisqu'une maison d'édition me propose un poste d'iconographe en CDI. Accepter, ce serait renoncer à mon projet. Or, j'ai obtenu l'aide pour la formation et mis de côté quelques mois de salaire : je refuse le CDI et me lance dans l'aventure !

À partir de là, tout s'enchaîne très vite. Je me forme et j'ouvre un cabinet, deux jours, puis trois par semaine. Pendant trois ans, j'accepte les recherches iconographiques que l'on me confie et je vis grâce à ces deux métiers. Puis je m'ouvre à d'autres disciplines. Après une formation complémentaire pour enseigner la sophrologie, je deviens formatrice. Aujourd'hui, j'exerce toujours en cabinet mais seulement trois jours par semaine, car j'aime à développer d'autres activités comme les cours de groupe, l'enseignement, l'écriture. Ai-je eu de la chance ? Sûrement, mais pas seulement. J'ai aussi énormément travaillé. Durant les premières années de mon installation, j'ai consacré mon temps libre et mon énergie à renforcer mon activité de chef d'entreprise.

Outre la sophrologie, j'ai testé, par besoin ou par curiosité, différentes techniques thérapeutiques et pratiques de développement personnel : psychothérapie, analyse, Eye Movement Desensitization and Reprocessing (EMDR), rêves éveillés, qi gong, yoga, médecine traditionnelle chinoise, Emotional Freedom Techniques (EFT), danse thérapie, d'autres types d'hypnose. J'ai également suivi d'autres formations en sophrologie afin de me spécialiser et suis devenue coach spécialiste en reconversion professionnelle.

Aujourd'hui, je suis comblée par ce métier et les possibilités qu'il m'offre, par les rencontres qu'il permet et le sens qu'il donne à ma vie. Je souhaite de tout cœur qu'il en soit de même pour vous et c'est pourquoi je vous invite à mettre toutes les chances de votre côté pour réussir le formidable pari d'exercer le métier que vous aimez !

Partie 1

En quoi consiste le métier de sophrologue ?

Chapitre 1

Que signifie être sophrologue ?

✓ Objectif

Comprendre ce que signifie concrètement être sophrologue.

Pourquoi **la sophrologie** ?

C'est décidé : je veux être sophrologue !

> « *Soigne ton cerveau et ton cerveau prendra soin de ton existence, Soigne ton cœur et ton cœur prendra soin de ta vie.* »
> Alfonso Caycedo

Des signes avant-coureurs

Il y a bien sûr ces publicités à la télévision, dans le métro, au bord des nationales, sur lesquelles, en partant au travail, vous lisez ce message si clair, si évident, tout sourires : « Devenez sophrologue, changez de métier, changez de vie ! » Tiens, c'est marrant, vous n'y auriez pas pensé !

Il y a tous ces autres matins… et soirs… Les semaines passent, le stress s'amplifie au travail, vous n'osez pas demander une augmentation, vous préparez une présentation publique qui vous angoisse, vous dormez mal, le médecin suggère quelques jours de congé… Le message, lui, est toujours là, le sourire aussi.

Il y a également l'envie de donner un sens à ce que vous faites. Vous apprenez que Virginie a obtenu un an de formation pour devenir architecte-paysagiste, sa passion. Et vous, votre passion, c'est quoi ?

Une petite voix se fait entendre : « Et si j'osais, moi aussi, changer de métier ? » Le message est toujours là : « Une formation certifiante ». Vous dînez chez des amis et, comme par hasard, l'ex de Jean-Pierre raconte sa reconversion : elle a plaqué son poste de DRH pour ouvrir un cabinet de sophrologie. Elle a bien négocié son départ, le temps de développer une clientèle. Et elle rayonne ! L'air détaché, vous lui posez quelques questions. Votre cœur bat la chamade.

Vous gardez encore le secret mais vous savez déjà, c'est un signe fort.

L'idée d'être sophrologue fait son chemin, vous excite, vous donne du courage et quand, le lendemain, vous relisez le message « Devenez sophrologue », vous l'êtes déjà un peu...

Vous surfez sur Internet : combien de temps dure la formation, combien coûte-t-elle, peut-on obtenir des aides ? Le site d'une école vous attire plus qu'un autre, c'est le « feeling » qui parle et vous le laissez parler.

Vous commencez à comprendre que cette reconversion peut se faire de manière assez simple.

Un seul mot à dire, demander une aide, un congé à votre entreprise, vous inscrire à la formation, cela prendra un peu de temps mais un jour, ces trajets aller-retour, cette fatigue, tout cela sera derrière vous. Vous exercerez un métier dans lequel vous vous épanouirez ! Terminé les patrons exigeants, les collègues grincheux, les contraintes horaires : une nouvelle vie, un nouveau départ s'annoncent déjà ! L'excitation monte... Vous commencez à en parler à vos proches : changer de métier pour un métier d'aide. Vous avez toujours aimé écouter, aider n'est-ce pas ? Cette idée mûrit, devient concrète, possible, jusqu'à ce que votre gardienne d'immeuble vous pose cette question, qui n'est pas un piège : c'est quoi, être sophrologue ?

Le premier jour de la formation, lors du tour de table inaugural, on demande à chaque stagiaire s'il a déjà pratiqué la sophrologie, ce qu'il connaît de la discipline et ce qu'il recherche dans la formation. Les trois quarts des participants n'ont jamais consulté de sophrologue et savent à peine définir l'activité.

La question se pose: pourquoi étudier la sophrologie sans savoir en quoi elle consiste? Ce n'est pas le cas lorsque l'on veut devenir psychologue, dentiste, chauffeur de taxi ou faire n'importe quel autre métier.

Pourquoi la sophrologie reste-t-elle si mal connue de ceux qui s'engagent dans cette formation? C'est à mon sens le grand tort de certaines écoles, qui laissent croire qu'il est facile de s'installer et de vivre de la sophrologie comme solution de reconversion clés en main.

Après avoir lu ce livre, vous bénéficierez d'une vision claire et exacte du métier. Vous pourrez alors décider de le pratiquer ou non, en connaissant les règles et les contraintes auxquelles il est soumis, les avantages qu'il procure mais aussi la réalité de l'installation. Je ne disposais pas de toutes ces informations lorsque j'ai fait mon choix. Il était bien inspiré et j'en suis aujourd'hui très heureuse mais nombre de mes collègues ont dû jeter l'éponge. Le jour où j'ai été nommée formatrice, la directrice pédagogique de l'école – qui a grandement contribué à me donner le goût d'enseigner la sophrologie et la passion de cette discipline – m'a confié que, sur une promotion d'une vingtaine de stagiaires, deux seulement exerçaient encore comme sophrologues deux ans après la fin de la formation. Suite à cette révélation, il m'a été difficile de former des sophrologues le cœur léger et je me suis promis de les préparer à cette réalité. Pareil écart entre le nombre de certifiés et celui des praticiens résulte de plusieurs facteurs que nous étudierons en détail, car je témoigne que la majorité des stagiaires rencontrés étaient extrêmement motivés et possédaient toutes les compétences pour devenir sophrologue. Pourtant, malgré leur investissement et parfois celui de leur famille, la plupart n'y parviennent pas! Alors, comment inverser la tendance et réussir le projet d'une vie meilleure? C'est là tout l'enjeu de ce livre. Je reste confiante dans la possibilité, aujourd'hui, de bien vivre de ce métier mais je sais que la réussite doit se gagner.

L'installation, pour être efficace, demande du temps, du savoir-faire, une organisation préalable et la conscience des écueils à éviter.

La sophrologie a le vent en poupe

Autre question : pourquoi, alors que rares sont les personnes capables de définir la sophrologie (essayez à table, sur vos proches), cette profession est-elle aussi en vogue ? Voici, à mon avis, les principales raisons :

La sophrologie répond à un besoin

Le bien-être d'une manière générale est à la mode et tous les métiers adjacents connaissent un succès croissant : hypnose, yoga, massages, ostéopathie, méditation, thérapies brèves... Il est difficile d'ouvrir un magazine sans lire un article sur ce sujet.

Cette médiatisation et l'intérêt manifesté par les Français pour ces pratiques traduisent un besoin réel : trouver des moyens efficaces et rapides pour faire baisser le niveau de stress personnel ou professionnel, lâcher prise, améliorer le sommeil avant que la cocotte-minute explose, retrouver confiance en soi pour passer un examen ou simplement se recentrer sur le positif.

Chacun le sait, un stress mal contrôlé entraîne rapidement nombre de désordres physiologiques. Pour réagir de manière optimale lors d'un épisode de stress, le corps va rapidement produire des hormones, principalement des catécholamines (adrénaline, noradrénaline, dopamine qui ont pour fonction d'oxygéner le cerveau, les muscles et de réguler la température du corps) et des glucocorticoïdes (cortisone, hydrocortisone – ou cortisol – qui envoient de l'énergie sous forme de sucre aux principaux organes). Cette production d'hormones permet au cœur de battre plus vite, à la tension artérielle et à la température corporelle de s'élever. Une fois la phase d'alarme passée, des récepteurs situés dans le cerveau sont censés ralentir cette production d'hormones afin que tout rentre dans l'ordre et que les symptômes disparaissent. Mais lorsque le stress dure dans le temps, les récepteurs sont saturés et ne peuvent plus enrayer la production d'hormones. Pour résister le corps ne fait qu'en produire davantage, entraînant à la longue un épuisement total. En quelques mois, des problèmes cardiaques, de l'hypertension, des troubles du sommeil, des douleurs articulaires peuvent apparaître – voire une dépression ou le fameux burn out.

De plus en plus de Français consultent pour se faire prescrire des anxiolytiques, des somnifères, des antidépresseurs, des antidouleurs. Même si l'Agence nationale de sécurité du médicament constate une baisse modérée de la prise de somnifères et de tranquillisants, la France reste trop consommatrice. Cette surconsommation génère des risques neurologiques tels que la somnolence ou des convulsions, et des risques psychiatriques avec confusion mentale importante. Sans compter ceux d'abus et de dépendance.

Or la sophrologie offre l'avantage d'être une alternative naturelle, soit en complément, pour accompagner un sevrage, soit comme substitut de solutions médicamenteuses.

La sophrologie fait sa pub

Reconnue par l'État mais non réglementée, la discipline bénéficie d'un avantage indéniable : les sophrologues peuvent faire de la publicité – et ne s'en privent pas !

Il est en effet possible de distribuer des prospectus, de louer des espaces publicitaires sur n'importe quel support, de passer à la radio, à la télévision, d'utiliser les réseaux sociaux. Bref : tous les moyens sont bons pour se faire connaître. Et, comme il y a de plus en plus de sophrologues, cela crée un effet boule de neige.

La sophrologie a été révélée au grand public grâce notamment à des sportifs de haut niveau – les apnéistes – qui, depuis longtemps, l'utilisaient pour repousser leurs limites à l'extrême. D'autres, comme le champion de tennis Yannick Noah, ont vanté ses mérites : « La sophro a changé ma vie », écrit-il. Cédric Pioline, ancien capitaine-adjoint de l'équipe de France de Coupe Davis, témoigne : « La sophrologie fait partie de la préparation de tout grand sportif, au même titre que la préparation physique. » La championne du monde de karaté, Nadège Ait-Ibrahim, explique encore : « La sophrologie [...] me donne plus confiance car désormais j'ai une arme en plus pour combattre le mauvais stress qui m'a souvent fait perdre des compétitions. » Les témoignages des rugbymen du XV de France, des golfeurs sont nombreux et relayés par la presse.

La sophrologie a également été popularisée par des émissions de téléréalité comme « La Nouvelle Star », « The Voice » ou des comédies musicales *(Le Roi Lion)* afin de préparer au mieux les candidats. En retour, ils témoignent de ses bienfaits pour la concentration ou contre le trac. On parle de sophrologie dans les médias, sur les réseaux sociaux. Elle est partout et fait vendre, comme l'hypnose ou la méditation. Profitons-en !

Selon un sondage réalisé en 2014 en France par BVA auprès de 1 071 personnes de plus de 15 ans : 91 % connaissaient la sophrologie et 64 % en avaient une assez bonne image. Ce dernier chiffre grimpe à 92 % lorsqu'elles l'ont déjà expérimentée.

Une profession sérieuse et reconnue comme telle

Par ailleurs, la sophrologie est de mieux en mieux représentée et s'organise en syndicats, fédérations, alliances, observatoires, groupes de recherche, de discussion, forums.

Ses usages aussi sont mieux connus : encadrement par différents organismes, existence de formations solides, sanctionnées, pour certaines, par un enregistrement au Répertoire National des Certifications Professionnelles (RNCP)[1], titre reconnu par le ministère du Travail. Les sophrologues peuvent également adhérer à un code de déontologie garantissant l'observance de règles éthiques.

Tous ces facteurs contribuent au sérieux de la discipline et permettent aux professionnels de santé de la prescrire à leurs patients, en complément thérapeutique face à des problèmes ORL, des douleurs chroniques, etc. Le sophrologue, tenu au secret médical, peut alors échanger des informations parfois essentielles sur le cas d'un patient. Cet échange entre professionnels est à son tour un tremplin vers plus de reconnaissance et de sérieux : poser des questions, demander conseil, valider certaines informations ne fera que renforcer votre légitimité.

Les champs d'application de la sophrologie ne cessent de s'étendre et on la trouve désormais dans les hôpitaux, les services d'urgence, les maisons de retraite, les

1. Voir la liste des sigles et abréviations p. 207-209.

écoles et les prisons. Le personnel de santé se forme souvent à la sophrologie en complément d'un métier principal.

La reconnaissance du métier se fait doucement mais sûrement via la prise en compte par l'Urssaf, les caisses de retraite, d'assurance maladie... Depuis 2008, la profession est dotée d'un code du Répertoire Opérationnel des Métiers et des Emplois (ROME) au niveau du Pôle emploi national. De plus en plus de mutuelles remboursent désormais les séances, ce qui permet à davantage de monde d'en bénéficier.

Enfin, la sophrologie présente l'avantage de pouvoir être pratiquée de manière très souple, en face à face ou en groupe, en cabinet ou à l'extérieur, certains la proposent même via Skype, une formule qui devrait être utilisée à titre exceptionnel à mon avis. Autre facteur de succès, elle ne nécessite pas l'acquisition de matériel particulier sauf un fauteuil ou un tapis de sol.

Pourquoi en faire son métier ?

La plupart du temps, la sophrologie est choisie comme activité de reconversion, ce qui est plutôt une bonne chose car il me semble que son exercice demande une certaine maturité et de l'expérience. Mais, là encore, il n'y a pas de règle. Ne dit-on pas que « la valeur n'attend point le nombre des années[1] »? D'ailleurs, des sophrologues débutants pourront être plus efficaces, motivés et à l'écoute de leurs clients que des collègues aguerris mais qui ne se remettent jamais en question, ne se forment plus et perdent leur flamme à force d'exercer.

La plupart du temps, l'envie de changer de métier naît de la volonté de donner du sens à sa vie, à son engagement professionnel. Parfois elle résulte d'une souffrance au travail, après des signes forts comme un burn out ou une dépression. D'autres fois l'événement déclencheur relève de la vie personnelle : séparation, divorce, conflit familial...

1. Corneille, *Le Cid*, II, II.

Il arrive aussi que le goût pour la sophrologie se révèle lors de séances suivies à titre personnel. Plusieurs de mes clients, lors d'un accompagnement, ont pris conscience de la souffrance que leur travail leur procurait et éprouvé le désir d'un changement professionnel. La sophrologie, par effet de transfert probablement, apparaît souvent comme première possibilité de reconversion. Je me souviens particulièrement d'une cliente huissier de justice qui m'a avoué, très embarrassée, vers la fin de l'accompagnement, son souhait de devenir sophrologue. Pour certains, cette envie se concrétise par l'inscription à une formation, comme ce fut son cas. Alors, transfert ou révélateur, au fond qu'importe? Elle m'a appris ensuite qu'elle s'était installée en région parisienne et qu'elle était très heureuse de sa reconversion.

Un avantage de la discipline est qu'elle peut s'apprendre rapidement puisque diverses écoles proposent une formation en quelques mois – avec cependant un important travail personnel à fournir, ce qui n'est pas toujours clairement précisé. J'insiste sur ce point car l'effort nécessaire pour apprendre quantité de termes, de notions, de principes et d'exercices demande un lourd investissement personnel. Dans notre société où tout va vite, c'est un argument de taille. Une formation courte, surtout lorsqu'elle est financée par l'entreprise, a plus de chances d'être acceptée.

L'inscription à une formation de sophrologie ne nécessite pas de diplôme et pas toujours d'entretien préalable. Ainsi, on peut devenir sophrologue sans avoir le bac, ni même le brevet. Je ne garantis pas que cela soit facile, mais c'est possible.

La loi n'exige pas que l'on ait été formé dans une école pour exercer – même si, je ne cesserai de le répéter, une formation solide, l'adhésion à un code de déontologie ainsi qu'une supervision me semblent indispensables pour garantir le sérieux et la pérennité de ce beau métier.

Par ailleurs, celui-ci peut s'apprendre à tout âge, dans tous les milieux sociaux. On rencontre en formation aussi bien des médecins ou des ingénieurs que des acteurs, des femmes au foyer et des DRH. Beaucoup viennent de professions d'aide à la personne et souhaitent un complément à leur métier, mais pas seulement.

Avantage non négligeable, l'installation requiert peu d'investissement financier : pas de matériel à acheter. Éventuellement, la location d'un cabinet ; mais on peut aussi pratiquer chez soi ou se déplacer.

Autre raison du succès : les formations sont souvent prises en charge, partiellement voire intégralement, par les fonds de la formation professionnelle continue, ce qui n'est pas négligeable, nous y reviendrons.

Enfin, le Répertoire National des Certifications Professionnelles (RNCP), déjà évoqué (p. 8) et sur lequel je reviendrai en détail, recense les titres que certaines écoles proposent, soit en les délivrant après évaluation ou au terme de la formation, soit en y préparant directement. Ces titres, qui permettent d'être inscrit à la Commission Nationale de la Certification Professionnelle (CNCP), sont supposés garantir le sérieux et la validation des acquis des sophrologues. Si vous souhaitez travailler dans certaines associations, dans des hôpitaux ou des écoles, un titre enregistré au RNCP vous sera probablement demandé : mieux vaut donc choisir sa formation en conséquence.

Toutes ces raisons sont valables mais la plus importante est de choisir ce métier par passion plutôt que par raison car il exigera beaucoup de vous : de la patience, de l'investissement, du temps, de l'énergie.

Le fondateur : Alfonso Caycedo (1932-2017)

Un peu d'histoire...

La passion, c'est ce qui caractérise la démarche du « père fondateur », Alfonso Caycedo. Né en 1932 à Bogotá (Colombie), il étudie en Espagne où il devient docteur en médecine et chirurgie, puis se spécialise en neuropsychiatrie.

Lorsqu'il débute en tant que psychiatre à l'hôpital général de Madrid[1], il essaie rapidement de trouver des alternatives plus respectueuses que les traitements alors infligés aux patients internés (camisoles de force, comas insuliniques, électrochocs) et s'intéresse pour cela à la modification des états de conscience. Il se tourne dans un premier temps vers l'hypnose et, en 1959, fonde à Madrid la Société espagnole d'hypnose clinique et expérimentale. Mais l'hypnose, davantage assimilée à un phénomène de foire, n'a pas véritablement de crédit auprès du corps médical. Il décide alors, en 1960, de créer sa propre méthode, selon une approche scientifique et médicale : la sophrologie, néologisme forgé à partir de termes grecs :

SO vient de *sos*, équilibre, harmonie.

PHRO vient de *phren*, esprit, conscience.

LOGIE vient de *logos*, étude, science, ici science humaine, parole.

Soit l'étude d'un esprit harmonieux ou la science de la conscience en équilibre.

> « *Ma rencontre avec la conscience en coma produit par l'insuline, ou [...] par l'électrochoc, [...] produisait en moi une interrogation : est-il nécessaire de modifier la conscience ou de l'altérer comme thérapeutique ? Ensuite, je me suis intéressé à l'hypnose clinique [...]. Alors naquit en moi un désir de recherche de la conscience parce qu'il me paraissait que les maladies mentales étaient fondamentalement des altérations pathologiques de la conscience. "Puis-je connaître la conscience en harmonie ?" fut ma première question radicale, qui me porta à mettre en marche un mouvement médical pour rechercher la conscience en harmonie. Je lui donnai le nom de "sophrologie."* »
>
> Alfonso Caycedo

1. Également appelé « hôpital provincial », fermé en 1965 et magnifiquement transformé depuis pour accueillir le Musée national centre d'art Reina Sofía.

La recherche sur la conscience, les différents états de conscience passionne Alfonso Caycedo. Qu'est-ce que la conscience? Vaste question. La définition du Larousse est la suivante :

> « *Connaissance, intuitive ou réflexive immédiate, que chacun a de son existence et de celle du monde extérieur.*
>
> *Représentation mentale claire de l'existence, de la réalité de telle ou telle chose :* L'expérience lui a donné une conscience aiguë du danger.
>
> *[Psychologie] Fonction de synthèse qui permet à un sujet d'analyser son expérience actuelle en fonction de la structure de sa personnalité et de se projeter dans l'avenir.* »

La sophrologie serait donc une science de la conscience mais aussi un art à la recherche d'une harmonie, d'un équilibre entre le corps et l'esprit, ainsi qu'une philosophie puisqu'elle intègre la phénoménologie[1] dans sa pratique, c'est-à-dire le fait de prendre conscience de chaque phénomène distinctement au moment où il apparaît (je sens une chaleur, une émotion, une pensée, j'en prends conscience). Ainsi, du point de vue de Caycedo, la conscience intègre le corps, l'esprit et l'âme.

La devise de la sophrologie, en tant que science de la conscience, est *Ut conscientia noscatur* (« Pour que la conscience soit connue »).

La sophrologie, une discipline enrichie d'apports multiples

Curieux de nature, inspiré, passionné, Caycedo multiplie les rencontres, les voyages, apprend d'autres techniques qui ont trait à la conscience. Il séjourne en Orient de 1965 à 1968, y découvre le yoga, notamment le yoga intégral en Inde, développé par Sri Aurobindo. Il s'initie également au tummo tibétain (pratique tantrique de

1. Du grec *phainomenon*, « ce qui apparaît », et *logos*, « étude », la phénoménologie est un courant philosophique fondé par Edmund Husserl (1859-1938).

yoga qui fait partie des six yogas enseignés par le yogi indien Nâropa), ainsi qu'au zen japonais. Il intègre cette conscience du corps à la sophrologie, tout en adaptant ces techniques à l'esprit occidental, c'est-à-dire en les dépouillant de leur dimension religieuse, philosophique ou sacrée.

Il est aussi inspiré par la phénoménologie du philosophe autrichien Edmund Husserl et collabore en Suisse avec le psychiatre Ludwig Binswanger, père de la psychiatrie phénoménologique. Il inclut dans ses exercices des éléments de la méthode d'Émile Coué, pharmacien français mal connu et à tort décrié. La sophrologie s'enrichit encore des techniques de relaxation progressive d'Edmund Jacobson, médecin américain qui propose, grâce à une suite de contractions et de relâchements musculaires, la prise de conscience des tensions corporelles et l'apprentissage d'un état de détente. Caycedo s'inspire également du « training autogène » du médecin allemand Johannes Heinrich Schultz, issu de l'autohypnose.

Toutes ces pratiques, sans constituer la sophrologie, l'enrichissent, le but de Caycedo étant d'améliorer la qualité de vie du patient. Par la suite, la discipline ne s'adressera plus à des personnes souffrant de pathologies lourdes mais à chacun d'entre nous.

Il existe aujourd'hui de très nombreuses écoles, l'enseignement de Caycedo ayant évolué au fil du temps. Certains ont préféré s'en détacher si bien qu'on distingue, pour faire simple, deux grands courants : caycédien et non caycédien. Le terme « sophrologie caycédienne® » étant déposé, ne l'utilisent désormais que les praticiens qui adhèrent à l'intégralité de son enseignement.

Quelle que soit la formation que vous choisirez, il vous faudra connaître au moins les quatre premiers degrés de la méthode. Une fois les bases et le cadre maîtrisés, continuez de vous documenter, de vous former : lisez, participez à des conférences, intervenez sur les forums, soyez curieux de tout – pas seulement ce qui concerne la sophrologie mais aussi les neurosciences, la méditation, l'hypnose, la psychanalyse, l'être humain en général.

Qu'est-ce que la **sophrologie** ?

Une méthode psychocorporelle

> *Les maux du corps sont les maux de l'âme. Ainsi, on ne doit pas chercher à guérir le corps sans guérir l'âme.*
> Platon

La première difficulté du sophrologue est de proposer non pas une, mais plusieurs définitions de sa discipline : pour les ados, pour la voisine de palier, pour les dîners en ville, pour le chauffeur de taxi. Vous verrez, ce n'est pas si simple.

En voici une, très classique : la sophrologie est une méthode holistique qui prend en compte l'homme dans sa globalité, le corps et le mental. L'un ne va pas sans l'autre en sophrologie, selon le principe des vases communicants : si le corps va mieux, l'esprit ira mieux et réciproquement. Le lien qui existe entre le corps et l'esprit est l'un des grands principes de la sophrologie. Aujourd'hui, cela nous semble assez évident mais dans les années 1960 c'était loin d'être le cas, et nous devons grandement à Alfonso Caycedo d'avoir fait évoluer les mentalités et cherché en Orient ce qui manquait en Occident.

Plusieurs techniques permettent cela, notamment grâce à la respiration synchronique : contrôle des cycles (inspiration, apnée pleine, expiration, apnée vide), des différentes respirations (abdominale, thoracique). L'alternance contraction/relâchement des muscles et la visualisation, guidée par la voix du sophrologue, permettent, entre autres bienfaits, de puiser dans des ressources (imaginaires ou provenant de souvenirs), de désactiver de mauvais souvenirs ou ressentis en les remplaçant par de nouveaux, plus positifs, et de se projeter avec confiance dans l'avenir. La sophrologie est existentielle dans le sens où elle permet de travailler sur soi. Elle part de l'être, de ses ressentis dans le moment présent, sans jugement, juste de manière phénoménologique afin d'avancer sur le parcours qui mène à une meilleure connaissance de soi. La première question que l'on pourrait se poser c'est : de quoi ai-je besoin ? (de calme, de mieux dormir, de préparer un examen sereinement). Puis, de séance en séance, il s'agira de trouver les ressources, les valeurs, les capacités intrinsèques qui permettent de combler ce besoin.

Les principes et les lois incontournables

Cet ouvrage n'est pas un manuel de sophrologie, c'est pourquoi je n'entrerai pas dans les détails. Mais il importe de comprendre que la sophrologie repose sur des principes et des lois incontournables, enseignés dans toutes les bonnes écoles :

- Le principe d'action positive : il s'agit d'actionner un cercle vertueux assez simple puisque toute action, pensée ou émotion positive aura une répercussion bénéfique et entraînera à son tour une action, pensée ou émotion positive. Chaque action positive sur une partie de la conscience aura un effet bénéfique sur la personne tout entière. La sophrologie permet d'aller chercher ce positif (dans les ressources du passé, dans l'imagination, la projection, la prise de conscience d'une attitude positive et bienveillante envers soi-même) et d'actionner cette roue.

- Le schéma corporel : oublions le miroir et l'image que l'on a de son corps, souvent négative. Oublions les comparaisons, les jugements. Il s'agit de se redécouvrir autrement, intérieurement, par des exercices doux et effectués les yeux fermés pour la plupart : mouvements, visualisations qui font prendre conscience, peu à peu, de la possibilité de poser un autre regard sur soi, attentif et bienveillant ; de la présence du corps dans l'espace, de son équilibre, ses contours, sa forme, son volume, sa posture ; puis des sensations (picotements, chaleur, lourdeur, légèreté), de la modification des perceptions au fur et à mesure des exercices, de ses zones de confort ou de tension. La sophrologie permet d'être à l'écoute de ces perceptions, de leur manifestation sensible et d'intégrer ce nouveau schéma corporel afin de renforcer le pont créé entre l'esprit et le corps pour une meilleure relation à soi, avec bienveillance, un mot que vous entendrez souvent.

- La réalité objective (c'est-à-dire « dont la réalité s'impose à l'esprit indépendamment de toute interprétation », Larousse) : ce qui signifie s'affranchir de tout jugement, ne pas faire intervenir de facteurs personnels et accueillir dans le présent ce qui arrive. Le sophrologue doit connaître ses limites : pour cela, il lui est vivement conseillé de pratiquer la sophrologie et de se faire superviser – cela semble aller de soi mais ce n'est pas toujours le cas.

- L'adaptabilité, qui implique entre autres choses que les exercices s'ajustent à la personne qui les pratique et non l'inverse. Adapter le vocabulaire, les gestes, les explications à l'âge et aux possibilités de chacun, adapter la durée ou la fréquence des séances.

En plus de ces principes, deux lois sont incontournables :

- La loi de la « vivance phronique » (c'est-à-dire la prise de conscience, lors des exercices, de l'ensemble des ressentis : physiques, émotionnels ou mentaux).
- La « répétition vivantielle » (répéter ces vivances enrichit la connaissance de soi). Plus on répète quelque chose, mieux on l'intègre. Non seulement la plupart des exercices se répètent trois fois de suite mais il est demandé au client de s'entraîner chez lui entre les séances pour intégrer ces compréhensions, exactement comme un pianiste fait des gammes pour progresser. Provoquer un mieux-être, un changement, une attitude différente ne s'accomplit pas sans cet apprentissage. La répétition permet d'enclencher un processus en trois phases : d'abord la « découverte » de l'exercice, puis la phase de « conquête » pendant laquelle la personne peut préciser ses ressentis pour enfin produire une « transformation » où elle les intègre et se les approprie.

La sophrologie utilise donc un ensemble d'outils qu'Alfonso Caycedo a su synthétiser, et qui proviennent de nombreuses influences. Elle permet de développer une conscience affinée de soi grâce à la phénoménologie en ramenant dans l'instant présent, sans jugement, la personne à ce qu'elle éprouve, pense, ressent et est en train d'expérimenter, de vivre afin de développer toutes ses possibilités. Cette perception fine entraîne des prises de conscience successives aidant à définir ce qui est susceptible de faire du bien. Les questions en filigrane de la pratique émergent : de quoi ai-je besoin pour me sentir bien ou atteindre mon objectif ? Quelles sont les ressources que je possède déjà ? Quelles autres qualités vais-je mobiliser pour me les approprier ? Il importe que la personne s'investisse dans ce processus car la solution viendra toujours d'elle : le sophrologue n'est qu'un guide l'aidant à devenir autonome. C'est à la personne d'entrer en action, de s'impliquer véritablement, sans attendre la baguette magique du thérapeute.

C'est pourquoi on lui recommande d'enregistrer les séances et de les écouter chez elle. L'entraîner à bien refaire les exercices constitue également une étape cruciale vers l'autonomie, afin qu'elle puisse se passer de nous par la suite.

Le fait de s'observer en accueillant ce qui arrive, sans jugement, permet de ne pas se sentir envahir par une émotion. Je peux ressentir la tristesse, l'accueillir, l'observer sans être cette tristesse. Cette mise à distance permet de comprendre que nous ne sommes pas nos émotions et de mieux les gérer. Il s'agit là encore d'accueillir les ressentis sans chercher à les interpréter, à leur donner du sens.

Imaginons que le sophrologue accompagne une personne vers son but comme vers le sommet d'une montagne : pour cela il peut lui proposer une bouteille d'eau, de bonnes chaussures, lui montrer comment respirer, boire à petites gorgées, lui indiquer les chemins envisageables mais en aucun cas la porter ou choisir pour elle un raccourci.

Il ne s'agit pas d'accomplir des miracles, même si la sophrologie permet parfois des changements spectaculaires en peu de temps. Le plus souvent, il s'agit de fournir un autre éclairage, un autre angle de vue dans une situation donnée. Il est important de rappeler que la sophrologie ne cherche pas le pourquoi mais le comment. Comment puis-je me sentir bien dans mon corps et non pas pourquoi je me sens mal dans mon corps. En allant puiser dans vos capacités, votre énergie vitale, vos valeurs vous aurez la possibilité de vous sentir mieux dans votre corps. Ce n'est pas non plus de la médecine, elle ne traite rien mais accompagne une personne au cours d'un processus. Un accompagnement est d'ailleurs proposé, avec un programme sur plusieurs séances.

Une cliente épuisée, au chevet de son mari

Je pense à cette cliente arrivée à mon cabinet totalement épuisée. Une femme élégante, qui veille jour et nuit sur son mari, de quinze ans son aîné, diabétique et asthmatique. Elle vient sur les conseils d'un ORL car elle souffre de vertiges terribles. Lorsqu'elle vient me voir, c'est une femme résignée à abandonner toutes ses passions. Son univers se réduit aux moments qu'elle passe au chevet de son mari, avec la peur terrible, en filigrane, de la mort.

> Nous travaillons chaque semaine et chaque fois elle revient, de plus en plus souriante. Pendant les visualisations, yeux fermés, elle rayonne. Son visage se détend, ses muscles se relâchent. Elle sourit, elle rit même, en silence, lorsque j'évoque son petit chien, les balades dans la campagne, le soleil sur sa peau. J'ai l'impression soudain d'avoir une jeune fille face à moi. À la fin de chaque séance, elle me remercie chaleureusement et je lui répète que c'est elle qu'elle doit remercier. Cette « bulle d'oxygène », comme elle l'appelle, lui permet de réactiver des émotions et des sensations positives qu'elle puise dans son imagination, ses souvenirs. En stimulant les zones cérébrales liées à ses émotions, elle se reconnecte à la vie. « C'est tellement précieux, comme un voyage... un voyage qui me permet de revenir et de faire face au quotidien ! » Ce n'est pas miraculeux mais c'est un chemin, qu'elle a bien voulu emprunter et qui lui permet de tenir le coup.

La plupart du temps, en séance, la sophrologie est utilisée pour atteindre un but précis (dormir, affronter un divorce, se préparer à parler en public), mais elle est également un moyen de mieux se connaître dans le cadre d'un développement personnel.

Ces deux approches sont différentes et, dans un cas, les séances s'organisent selon un cycle défini lors du premier rendez-vous. Elles peuvent aussi se prolonger sur des mois, voire des années, à un rythme plus ou moins soutenu : on est là plutôt dans une optique de développement personnel.

La pratique

Les exercices

Outre la parole et l'échange régulier avec le client, la sophrologie privilégie deux types d'exercices comme moyens thérapeutiques. Nous les avons évoqués plus haut, revenons brièvement sur chacun d'eux :

- Les exercices dits de « relaxation dynamique » qui englobent des techniques de respiration (contrôle des cycles et des voies respiratoires), des exercices de contraction/relâchement musculaire, des exercices de concentration.

- Des exercices de visualisation, guidés par la voix du sophrologue.

Les exercices peuvent s'effectuer debout ou assis. Attention à la position allongée qui présente le risque d'endormir votre client.

Les effets des exercices

Pour la plupart, les exercices s'accomplissent les yeux fermés. Le fait de se détendre aide à prendre le recul nécessaire face à ce que l'on ressent : c'est le fameux « lâcher prise », pas si évident. Une fois atteint, il permet d'être plus attentif, plus concentré sur soi.

Il suffira d'une expérience simple pour comprendre : fermez les yeux un instant, respirez, ouvrez les yeux. Observez la différence de perception les yeux ouverts ou fermés. Fermez de nouveau les yeux, respirez profondément plusieurs fois. Sentez à présent votre respiration, observez-la au bord des narines, comme une caresse qui va et vient, de manière subtile. Ouvrez les yeux, de nouveau, observez votre environnement : vous êtes moins attentif à votre respiration. Fermez les yeux, retrouvez votre respiration. Observez votre cage thoracique qui s'ouvre, se ferme, tout ce qui se passe à l'intérieur.

Par des moyens d'induction très précis, selon un rythme et un ton de voix particuliers ponctués de silences (le *terpnos logos*, « parole apaisante »), le sophrologue guide la personne vers un niveau de conscience qui va doucement glisser entre veille et sommeil. C'est un des buts de la séance : diminuer progressivement le degré de vigilance en vue d'atteindre un niveau appelé *sophroliminal* afin que le travail s'accomplisse de manière optimale car l'intensité des ondes cérébrales, mesurées sous électroencéphalogramme, diminue. La personne reste tout à fait consciente mais se sent à la lisière du sommeil. Les rythmes cérébraux dépendent en effet de l'état psychologique : en général, le sujet éveillé enregistre une fréquence d'ondes dites « bêta », avec une activité de plus de 12 hertz (Hz). Cette fréquence baisse progressivement pendant la séance jusqu'à atteindre celle des ondes alpha (entre 8,5 et 12 Hz), ondes de la méditation, d'une profonde relaxation. Les ondes du sommeil, dites « thêta », ont une fréquence encore plus basse (entre 4,5 et 8 Hz).

En résumé, voici un schéma illustrant la descente progressive d'un niveau de vigilance à un autre.

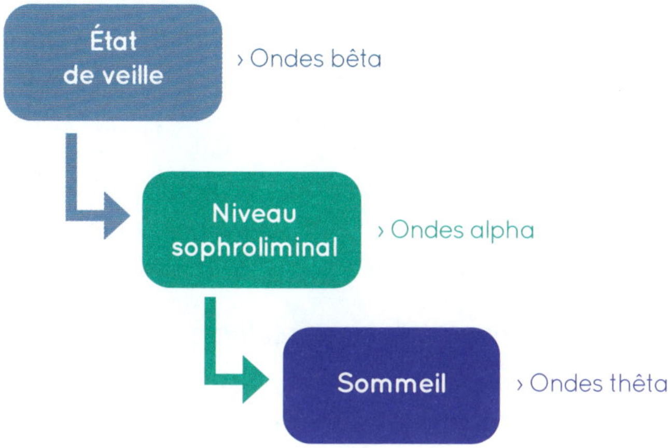

Les niveaux de vigilance

À mesure que la fréquence cérébrale décroît, nos défenses psychiques s'atténuent, l'imagination est plus intense, avec un accès plus rapide à la mémoire, notamment celle de nos sens. À ce niveau, le sophrologue peut appliquer les techniques d'activation dites « intrasophroniques » en fonction de l'objectif de chacun et de l'intention de séance (par exemple, évacuer les tensions ou installer du calme par l'évocation d'un souvenir apaisant en stimulant les cinq sens associés à ce souvenir ou revivre un moment de confiance en installant un geste d'ancrage, etc.).

Ne pas confondre les niveaux de vigilance, que je viens d'expliquer, avec les états de conscience, qui sont les différents états qu'un individu peut traverser. En sophrologie nous en distinguons trois :

- L'état de conscience pathologique, qui peut être temporaire (lors d'une grippe ou d'un épisode dépressif) ou plus installé (comme chez certains patients en hôpital psychiatrique : névrose, psychose, voire démence) ;

- l'état de conscience ordinaire, que nous vivons au quotidien lorsque nous nous levons et commençons une journée sans questionnement particulier : c'est l'état d'un individu vivant dans des schémas déterminés par sa culture, son environnement ou son milieu ;
- l'état de conscience dit « sophronique », qui permet de sortir des précédents états et de se sentir plus éveillé, temporairement ou plus durablement, doté d'une conscience neuve et d'un regard différent.

La sophrologie a pour intérêt de faciliter cette évolution en s'affranchissant des carcans familiaux, sociaux et culturels afin de vivre davantage en cohérence avec ses désirs, ses valeurs intrinsèques.

Ainsi le cerveau, qui ne distingue pas entre réalité et imagination, va activer les mêmes zones du néocortex s'il imagine ou s'il vit une situation réelle. Les neurosciences confirment aujourd'hui que le phénomène de visualisation stimule l'hémisphère droit du cerveau et envoie des messages nerveux du cortex au système nerveux autonome. Comme on le sait, le système nerveux autonome est celui qui gère les fonctions automatiques du corps (respiration, rythme cardiaque, température, digestion, etc.). Le simple fait de penser active les aires cérébrales car, la plasticité étant une propriété intrinsèque du cerveau, chaque pensée va le modifier.

RESTEZ **VIGILANTS** !

Il faut faire attention à ce que l'on pense. Le fait d'avoir des pensées positives, des émotions positives, des sensations positives produira des conséquences positives sur notre cerveau et notre appréhension du monde.

Par exemple, à l'état sophroliminal se projeter en train de parler en public, avec calme et assurance, permet au cerveau d'intégrer le fait que cela est possible. Le jour où la personne prononce sa conférence, le cerveau « pense » qu'il a déjà pu faire cela plusieurs fois, sans problème. C'est ce qu'on appelle la préparation mentale. Selon l'institut des neurosciences de l'université McGill (Canada), le fait de répéter mentalement un mouvement ou une action par le pouvoir de la visualisation ou en regardant quelqu'un exécuter ce mouvement ou cette action donne des résultats étonnants: en effet, non seulement les mêmes zones du cerveau sont activées dans les deux cas mais encore elles grossissent en taille. Une expérience avait été menée à Cambridge (Massachusetts). Des personnes étaient installées face à un piano, on leur demandait simplement d'appuyer sur des touches du pouce à l'auriculaire et inversement. Après cinq jours d'entraînement, l'aire cérébrale qui stimule la fonction des doigts s'était agrandie. Il en alla exactement de même chez les personnes qui regardaient (sans bouger) ce mouvement.

La préparation mentale fonctionne très bien en vue des examens, pour lesquels de plus en plus de jeunes se mettent en condition de cette manière.

À qui s'adresse la sophrologie ?

À tous publics, depuis les enfants à peu près à l'âge de la maternelle jusqu'aux personnes âgées.

Elle n'est plus réservée aux patients hospitalisés pour troubles graves de la personnalité, comme s'y essaya Caycedo à ses débuts. Elle vise plutôt des personnes dont il qualifiait, nous l'avons dit, la conscience d'« ordinaire », parfois altérée par une mauvaise gestion des émotions, le stress, l'addiction, etc. Lors des séances, il les aidait à s'approcher d'une conscience qu'il nomme « sophronique » et qu'on pourrait comparer à des moments de grâce, d'harmonie.

Plus on répète les exercices et plus on s'approche de la conscience sophronique, grâce à cette fameuse loi de la répétition vivantielle évoquée plus haut (voir p. 17). Plus on s'approche de la conscience sophronique et plus on y accède rapidement et durablement.

Les exercices, ainsi que la durée de la séance et son déroulement, sont adaptés à chaque client[1], chaque âge ou contrainte.

1. L'usage du mot « client » est préconisé dans notre discipline. Certains sophrologues préfèrent parler de « patient », terme plutôt réservé aux professionnels de santé pratiquant la sophrologie.

Pour quelles problématiques ?

Au départ, la sophrologie est surtout connue des femmes enceintes et des sportifs de haut niveau, car elle permet entre autres choses de se préparer le plus sereinement possible à un événement particulier, en étant au meilleur de ses capacités le jour J. Il peut s'agir aussi bien de passer un concours ou un examen comme le permis de conduire, ou un entretien d'embauche. Les méthodes de visualisation, la recherche de ressources et l'ancrage de ces dernières sont très efficaces pour se préparer mentalement.

Vaincre son trac

J'ai eu une cliente, elle-même étonnée du changement, qui me confiait qu'elle était désormais capable de plaisanter en public lors d'assemblées semestrielles. Auparavant, les mois précédant ces assemblées, elle endurait tous les symptômes d'un trac dévorant : dos bloqué, insomnies, voire évanouissement avant de parvenir à lire son texte devant l'auditoire.

La sophrologie n'est pas une thérapie en tant que telle mais elle a des dérivés thérapeutiques et peut également se révéler efficace dans l'accompagnement d'un traitement médical pour gérer la douleur (apprendre à la canaliser, en modifier l'intensité, la perception), améliorer une image de soi altérée par des traitements ou des opérations, et retrouver la volonté de se battre. Elle aide aussi à refréner des pulsions (alimentaires, d'achat), des addictions (jeux vidéo, tabac, alcool, sexe) ou à contrôler des phobies (lieux publics, espaces confinés, insectes). Pour toutes ces problématiques ou dans les cas de dépression ou de burn out, il est indispensable de demander à la personne d'être suivie en parallèle par un professionnel de santé.

Plus souvent, la sophrologie aide à améliorer la qualité de la vie : mieux réguler ses émotions, prendre du recul par rapport à une situation difficile. Elle est aussi très adaptée à l'amélioration du sommeil. Elle permet de mieux se concentrer, de développer confiance et estime de soi ou, plus largement, de mieux se connaître : faire des choix en cohérence avec ses valeurs, se recentrer sur soi et sur ses ressentis, ses pensées, ses sensations de manière positive et bienveillante.

Tester la sophrologie

Il s'agit d'une des lois de la discipline : si vous souhaitez devenir thérapeute, il faut vous faire superviser et accomplir un travail sur vous qui vous permette de garder votre objectivité.

MON **CONSEIL**

Avant de vous inscrire dans une école, je ne vous encouragerai jamais assez à tester la sophrologie car les formations négligent parfois de vous accompagner sur ce chemin ou simplement estiment que c'est une démarche à mener en parallèle. Un peu comme s'inscrire en licence de lettres sans avoir jamais ouvert un bouquin, cela me semble inenvisageable.

L'expérimentation à titre personnel est d'autant plus nécessaire qu'on aide les autres. C'est une responsabilité qu'il ne faut pas prendre à la légère et qui oblige à toujours se remettre en question : accomplir un travail préalable sur soi se révèle indispensable.

À chaque métier **ses règles**

Plus qu'ailleurs, ce principe s'impose dans un métier non réglementé. Sans l'observance d'une déontologie solide, la sophrologie ne bénéficierait pas aujourd'hui d'un tel crédit ni d'un tel engouement.

Le terme « déontologie » (du grec *deonto*, « ce qui doit être fait », et *logos*, « science ») désigne les devoirs liés à une profession ou à une pratique, souvent réunis dans un code. Quel que soit celui auquel vous adhérez, ce qui compte c'est votre engagement à respecter ce cadre commun.

La profession se conforme à divers codes, issus de courants différents tels que :

- Le *Code déontologique de la sophrologie*, édité par Sofrocay®, l'Académie internationale de sophrologie caycédienne ;

- le code d'éthique et de déontologie des sophrologues formés dans les organismes de formation membres de la Fédération des Écoles Professionnelles en Sophrologie (FEPS) ;
- le code de déontologie du syndicat des sophrologues professionnels, édité par ce syndicat ;
- le code de la Fédération Française de Sophrologie (FFDS) ;
- le *Code de déontologie des sophrologues*, édité par la chambre syndicale de sophrologie.

Afin de faire évoluer la sophrologie dans le bon sens et d'obtenir que les médecins la prescrivent, afin que nous puissions collaborer avec les professionnels de santé dans les hôpitaux, avec les infirmiers et les enseignants dans les écoles, avec les services des ressources humaines et les comités d'entreprise, il faut impérativement que les règles de notre métier soient respectées.

La posture du sophrologue, en tant que thérapeute, doit se conformer à ces codes. Cela s'apprend dans les écoles. Mon but n'est pas de fournir la liste exhaustive des devoirs du sophrologue selon chacun de ces codes mais d'énumérer les principaux, afin que vous sachiez quelles responsabilités vous incomberont en exerçant ce métier.

Respecter la confidentialité due au client

Grâce à cette règle, les clients peuvent se confier librement à vous. Elle permet aussi aux autres professionnels de santé, qui lui sont soumis, de partager avec vous des informations. Sauf cas exceptionnels, la confidentialité doit être respectée à la lettre.

Cas de force majeure

Personnellement, je n'ai dû y déroger qu'une fois, face à un adolescent qui m'a confié avoir tout organisé pour mettre fin à ses jours. J'ai alerté ses parents, en lui indiquant que j'étais dans l'obligation de le faire afin qu'il ne se sente pas trahi. Ce genre de situation est rare mais il faut avoir les épaules pour la gérer.

Respecter la personne en face de vous

L'accueillir avec attention et respect, quelles que soient son origine, sa religion, sa couleur, sa façon de s'exprimer, sa condition sociale...

La respecter également dans sa manière de progresser durant les séances, selon son rythme, ses valeurs, sans la bousculer ni lui imposer vos façons de faire.

La respecter dans son autonomie et ne pas chercher à l'influencer ou à lui donner de conseils – même si, parfois, l'envie ne manque pas ! Une règle à retenir que vous apprendrez dans les écoles : c'est toujours la personne qui détient sa solution, jamais le sophrologue. Respecter son autonomie, c'est aussi lui donner les moyens de se passer de vous.

Le client détient la solution

Je me souviens d'une cliente, la quarantaine passée, qui souhaitait avoir un bébé. Elle sortait depuis quelques mois avec un jeune homme, assez peu engagé me semblait-il. Travaillant dans le monde du spectacle, il la laissait souvent seule pour aller faire la fête. Elle l'aimait passionnément, voire aveuglément. J'avais très envie de lui conseiller de trouver un autre partenaire. J'aurais eu tort puisque, quelques mois plus tard, elle m'apprenait qu'elle était enceinte et qu'ils allaient se marier. Il avait totalement changé de conduite et s'engageait à fond dans leur histoire.

L'accueillir avec objectivité et tolérance

Accueillir sans jugement ni *a priori* n'est pas simple et exige de se remettre souvent en question. Un sophrologue doit avoir une écoute bienveillante et neutre. S'il ne se sent pas à l'aise avec une personne, à cause d'une histoire qui fait écho à la sienne par exemple, mieux vaut renvoyer vers d'autres sophrologues, en fournissant plusieurs références (collègues compétents, annuaire...).

Savoir refuser, c'est se protéger #1

Françoise, une amie sophrologue, n'a pas hésité à m'adresser une cliente qui souhaitait retrouver une meilleure image d'elle-même après une chimiothérapie. La mère de Françoise venait de subir une ablation d'un sein : elle se sentait incapable de traiter cette femme.

De la même manière, si une personne vous paraît étrange, trop agressive ou que son comportement ne vous permet pas d'être objectif, je vous suggère de déléguer.

Savoir refuser, c'est se protéger #2

Il m'est souvent arrivé de refuser des clients, parfois dès le premier contact. Le plus récent : un homme qui appelle pour un comportement addictif de masturbation. Il m'indique qu'il est fétichiste du pied et suivi en parallèle par un psychiatre, dont il me donne le nom. Son appel semble sérieux et sa souffrance réelle mais je ne me sens pas capable de le recevoir, et lui conseille plusieurs collègues masculins.

Cela peut aussi arriver après la première séance. J'avais reçu un homme d'une quarantaine d'années, dont le comportement semblait assez schizophrène. Il est difficile d'en juger de prime abord. Aussi, comme il était suivi par un psychiatre, j'ai demandé les coordonnées de ce médecin afin d'être sûre, avant la séance suivante, de pouvoir le guider sans risque à l'état sophroliminal. Voyant qu'il ne fournissait pas les coordonnées demandées, j'ai insisté puis annulé le rendez-vous en expliquant les raisons. Je n'ai plus jamais eu de ses nouvelles. C'est un risque à prendre. J'espère simplement qu'il n'a pas trouvé entre-temps un autre sophrologue qui a bien voulu lui proposer un accompagnement.

Garder la juste distance

La posture idéale du sophrologue est celle d'égal à égal avec son client. Ni copain, ni distant : une posture thérapeutique bienveillante suffira. Une juste distance physique également, sans toucher la personne, en respectant la « bulle proxémique », cette distance naturelle qui permet de ne pas se sentir envahi dans son espace.

Il importe aussi de connaître les mécanismes de transfert et de contre-transfert, qui ne sont pas toujours enseignés dans les écoles.

MON **CONSEIL**

Au début surtout, évitez de faire des accompagnements avec des proches (amis, famille). Votre crédibilité serait mise à rude épreuve et vous risqueriez de perdre confiance en vos qualités de thérapeute.

Rester focalisé sur l'objectif de la personne, en écartant les digressions

Il m'est arrivé de recevoir des célébrités. Lorsqu'elles vous confient des infidélités, des scoops, il faut accueillir ces propos sans commentaires ni questions intrusives et revenir aux exercices. L'objectif reste celui du client, tout autre sujet lui fait perdre du temps et de l'argent. Certes, une écoute attentive peut avoir des vertus thérapeutiques mais, si la personne bavarde trop, ce qui arrive fréquemment, il faut stopper le flux de paroles avec tact et se remettre aux exercices.

Ne jamais se substituer à un professionnel de santé : garder en tête les limites du métier de sophrologue

Ce n'est pas parce que vous faites un accompagnement sur le sommeil qu'il faudra conseiller de ne plus prendre de somnifères ou d'anxiolytiques. En tant que sophrologues, nous ne sommes pas habilités à poser un diagnostic médical. Au moindre doute, nous devons réorienter vers un généraliste.

Soyez persévérant !

Une cliente d'une cinquantaine d'années vient me voir pour des problèmes d'alcoolisme en indiquant d'emblée qu'elle a déjà consulté cinq psychiatres, suivi une cure, essayé des médicaments sans aucun effet durable. Elle attend de moi, dit-elle, « une solution magique ». L'enjeu est de ne pas la décevoir ni de la faire fuir mais de lui faire comprendre que la solution viendra uniquement d'elle. Que par ailleurs, sans un suivi extérieur médicalisé, je ne pourrai pas l'aider. Je passe la séance à la convaincre de l'intérêt, et même de l'urgence, à consulter un professionnel de santé et de se faire soigner avant de commencer un accompagnement, une prise en charge multidisciplinaire s'avérant indispensable. Après une heure d'explications, elle accepte de se faire suivre médicalement et de rejoindre un groupe des Alcooliques anonymes (programme de rétablissement que je conseille toujours dans ce cas en raison de son efficacité, de l'ouverture d'esprit qui l'anime et de l'aide formidable qu'il apporte). Alors seulement, nous avons pu commencer les séances d'accompagnement. Au bout de quelques mois, elle a arrêté de boire, s'est remise au sport avec un coach privé et a recouvré son énergie.

Vous connaissez à présent l'histoire, la méthode, les champs d'application et les grands principes de la sophrologie. Si ce métier vous intéresse toujours, je vous invite à lire le chapitre suivant, qui permettra de clarifier la question : est-ce bien un métier fait pour vous ?

Chapitre 2

Ce métier est-il fait pour moi ?

> « *Choisissez un travail que vous aimez et vous n'aurez pas à travailler un seul jour de votre vie.*
> Confucius »

✓ Objectif

Se poser les bonnes questions selon une grille adéquate, ne pas perdre de temps et s'assurer que ce choix nous convient.

Un métier en **cohérence avec soi**

Fabienne R., sophrologue depuis quatre ans

Au cours de la discussion, une dame travaillant dans la finance me fait part de son incompréhension : « Mais pourquoi avoir quitté votre travail d'ingénieure, très bien payé, pour un métier en libéral qui gagne moins ? »

Je lui réponds : « Sacrifiez-vous votre bien-être et votre liberté, avec la possibilité d'aider, de faire du bien aux gens ? Le temps qui reste est l'un des seuls paramètres que l'on ne maîtrise pas. »

Vous avez peut-être entendu parler de Bronnie Ware, cette infirmière australienne qui a travaillé des années durant dans une unité de soins palliatifs ? Elle posait cette délicate question à des personnes en fin de vie, avec lesquelles elle avait tissé des liens profonds : « *Quels sont vos cinq plus grands regrets, à l'heure de mourir ?* » La réponse qui revient le plus souvent est la suivante : « *J'aurais aimé avoir eu le courage de vivre la vie que je voulais vraiment, pas celle que les autres attendaient de moi.* » Profitons de chaque instant pour construire cette vie courageuse.

Ce chapitre vous permettra de vous poser les questions essentielles, pour ne pas dire existentielles, que je me suis moi-même posées et qui m'ont beaucoup servi lors de ma réorientation.

La reconversion, qui concerne la grande majorité des sophrologues, ce n'est pas seulement changer de métier. Pour être réussie, cette reconversion se fonde d'abord sur une rencontre avec soi. Si le succès ne résulte pas d'une recette unique, il y a des points communs à toute entreprise réussie et c'est ce que je souhaite partager avec vous.

Avant même de déterminer un objectif, qui sera la clé de voûte de votre projet (et que nous définirons très précisément au chapitre suivant), il est bon de mener un travail d'introspection. C'est ce que je vous propose ici, avec une méthode de coaching très simple, cela pour trois raisons principales :

- Vous assurer de ne pas faire fausse route en investissant d'emblée votre énergie dans une formation qui ne vous correspond pas. De plus en plus de personnes souhaitent devenir sophrologue, souvent parce que leur métier ne les comble pas. Or la sophrologie ne peut convenir à tout le monde et son exercice comporte de nombreuses contraintes qu'il ne faut pas nier. Une passion durable ne va pas naître à la simple vue d'une affiche dans le métro ou d'un spot publicitaire ! Prenez le temps de vous documenter, d'assister à des conférences, à des journées « Portes ouvertes », laissez votre projet mûrir et, si l'envie persiste, ce sera bon signe.
- Vous donner des motifs de persévérer lorsque vous rencontrerez des obstacles. La ténacité garantit en effet le succès d'un projet (il suffit d'observer le nombre de sophrologues qui, confondant obstacle et échec, abandonnent à la première difficulté) ; sachez que se former et s'installer occasionnent de

lourdes contraintes, tant financières et organisationnelles que personnelles. Une bonne dose de réalisme est indispensable.

- Vous permettre d'exercer ce métier de façon à pratiquer en harmonie avec votre personnalité, ce qui constituera en retour un facteur très puissant de motivation.

Vous n'éviterez pas la confrontation à des peurs, inévitable lors de ce parcours : la peur de l'échec et les conséquences matérielles qu'elle engendre ; la peur sociale, celle en particulier du regard des autres, mais aussi la peur de mal faire, de vous sentir incompétent ; et une autre peur, intrinsèque et plus sournoise, née de votre manque de confiance en vos capacités, plus lancinante encore s'il s'agit d'une reconversion. La première des sagesses enseignée depuis l'Antiquité n'est-elle pas de vaincre nos peurs pour parvenir à une vie agréable ? Afin de vous aider à apaiser ce mental qui sabote parfois les meilleurs projets, je vous propose un outil indispensable à toute bonne préparation : la visualisation positive.

Vous êtes prêt ?

Identifiez **vos désirs**

La visualisation positive est issue de techniques telles que le coaching, l'autohypnose, la programmation neurolinguistique (PNL) ou la sophrologie, bien sûr. J'en ai regroupé les points forts pour que vous puissiez clarifier vos motivations et aspirations. C'est la première étape du travail d'introspection.

Parce qu'il n'y a pas, fort heureusement, un modèle unique de sophrologue ni une seule manière d'exercer, les réponses que vous obtiendrez, loin de vous démotiver, devraient vous ouvrir des perspectives originales sur la façon d'appréhender le métier. À titre d'exemple : s'il se confirme, lors des tests, que votre épanouissement passe par le fait de voyager beaucoup, exercer en cabinet vous décevra vite et vous risquez d'abdiquer à la première embûche. Pourquoi ne pas plutôt exercer la sophrologie dans des centres de thalasso, des clubs de vacances ou lors de croisières ?

Préparez ce moment

Vous n'aurez besoin que d'un carnet et d'un stylo. Je suggère de choisir un beau carnet : faites-vous plaisir plutôt que d'écrire vos réponses sur des feuilles volantes, susceptibles de se perdre. Vous pouvez échelonner les exercices sur plusieurs jours.

MON **CONSEIL**

Installez-vous confortablement dans un endroit calme et, si possible, réservé à vous seul.
N'hésitez pas à allumer une bougie, il s'agit d'un moment important, préparez-le comme tel, à la façon d'un rituel. Avant et après chaque question, fermez les yeux et respirez plusieurs fois profondément.
Placez vos mains sur votre ventre, connectez-vous à vous-même, à votre centre intérieur. Concentrez-vous.

Apprenez à interpréter les réponses du corps

Avant chaque exercice, instaurez une routine qui permet de ressentir votre corps et ses réponses instinctives. Comme disent les Canadiens, observez si « ça vous fait oui ou ça vous fait non » quand vous posez une question.

- Si « ça fait non », vous le sentirez à un serrement du cœur, d'une partie de vous, comme une rétractation, parfois une douleur ou un malaise : boule au ventre, crispation des mâchoires...
- Lorsque « ça fait oui », c'est l'inverse, vous ressentez comme une vague d'énergie, quelque chose de fluide qui circule, une joie, une lumière intérieure : la colonne se redresse, les épaules s'ouvrent.

Afin d'identifier ces deux familles de signaux, entraînez-vous : posez-vous quelques questions simples, dont vous connaissez les réponses (pour le oui comme pour le non) et observez... Par exemple : « Est-ce que j'ai envie de partir en vacances dans une île paradisiaque ? Est-ce que j'ai envie d'aller dîner chez ma belle-mère ? » Vous ressentirez probablement la différence dans votre corps. Si ce n'est pas le cas, persévérez avec d'autres questions.

Cette technique simple est très efficace pour susciter des réponses instinctives.

MON **CONSEIL**

Laissez parler le ressenti, l'inconscient, plutôt que le mental. Une fois installée, cette compréhension corporelle vous servira lorsque vous rencontrerez des doutes pendant les exercices qui suivent.

10 exercices pour clarifier vos choix

Ne faites pas de phrases : écrivez un seul mot par ligne, en majuscules. Et surtout, répondez de manière instinctive, sans trop réfléchir.

Ces questions vous permettront de cerner ce qui vous correspond intrinsèquement, en dehors de toute pression familiale ou sociale : quels sont vos désirs, vos motivations, vos aspirations profondes ?

Faites le point avec vous-même

1 Dressez la liste des qualificatifs qui vous caractérisent, selon vous.

Exemples :

Joyeux, créatif, serviable, à l'écoute…

2 Dressez la liste des verbes d'action renvoyant à des pratiques, des occupations que vous aimez au point que le temps passe très vite quand vous vous y adonnez.

Exemples :

Voyager, organiser, échanger, parler, écrire…

3 Demandez-vous à présent ce que vous souhaitez pour vous dans le futur, en laissant venir tous les mots qui surgissent à l'esprit, même s'ils se répètent.

SOYEZ INSTINCTIFS !

Ne réfléchissez pas, répondez à l'instinct, en vous posant la question en boucle « Qu'est-ce que je veux ? Qu'est-ce que je veux ? Qu'est-ce que je veux ? » (il est possible qu'une même réponse vienne plusieurs fois, écrivez sans réfléchir).

Exemples :

Qu'est-ce que je veux ? ARGENT

Qu'est-ce que je veux ? LIBERTÉ

Qu'est-ce que je veux ? MER

Qu'est-ce que je veux ? RECONNAISSANCE

Qu'est-ce que je veux ? LIBERTÉ

4 Demandez-vous quelles sont les personnes dont vous admirez le métier et pourquoi. Piochez vos exemples dans la vie réelle (parents, amis, personnes qui ont croisé votre chemin) ou dans la fiction (films, livres), n'ayez pas peur des redondances ou répétitions.

Exemple :

Colette, écrivain	Indépendante Esprit libre Engagée Créative Éclectique
Mon ami Jules, reporter de guerre	Action, indépendance Courage Goût de la transmission Voyages Insolite Photographie

L'un de mes professeurs au lycée	Cultivé Excellent pédagogue Humain Passionné

5 Demandez-vous quels sont vos trois livres préférés et pourquoi.

Exemple : *Le Quatuor d'Alexandrie*, de Lawrence Durrell : aventure, exotisme, voyage, rencontres, passion…

6 Si vous aviez 500 euros, en quoi les dépenseriez-vous ? (Uniquement des choses qui vous font plaisir, pas de règlement de factures ni de dettes.)

Après avoir répondu, observez comment vous avez dépensé cet argent : pour vous ? Pour vos proches ? Pour apprendre ? Faire du sport ? Pour acheter des biens matériels ? Pour voyager ? Avez-vous tout dépensé en une fois ou en plusieurs ?

C'est un exercice qui fournit de très nombreuses informations sur ce que vous aimez vraiment.

Maintenant que vous avez répondu aux questions, prenez le temps d'étudier vos réponses et les mots que vous avez employés. Quels sont ceux qui sont récurrents ?

Entourez les mêmes mots d'une même couleur.

Puis classez-les par thème, regroupez ces mots par sujet puis par ordre de priorité et tirez les conclusions qui s'imposent à vous.

Exemple 1 :

- Thème 1 : Voyage (Découvrir-curieux-extérieur)
- Thème 2 : Artistique (Créer-écrire-beauté)
- Thème 3 : Échange (Rencontrer-ludique-aider)

Dans le cas n° 1, la sophrologie vous conviendra parfaitement car vous aimez échanger et aider. La façon dont vous exercerez privilégiera la créativité : inventer des scripts par exemple, adapter les exercices et, pourquoi pas, les envisager de manière ludique, avec des enfants ou des adolescents. Vous pourrez vous imaginer exerçant dans différents endroits : au jardin, à la plage...

Exemple 2 :

- Thème 1 : Zen (Calme-méditation-solitude)
- Thème 2 : Beauté (Design-luxe-art)
- Thème 3 : Sécurité (Argent-habitudes-famille)

Dans le cas n° 2, exercer en cabinet, avec des jours réguliers, constitue une bonne option qui répond à votre besoin de sécurité et d'habitudes stables. Pour vous y sentir bien, le cabinet sera joliment décoré, proche de votre famille, dans un quartier calme. Commencez doucement, en conservant peut-être un autre métier qui garantira votre sécurité financière.

Si, au contraire, vous aimez les grands espaces, la diversité et l'engagement au service d'autrui, envisagez plutôt d'exercer en vous déplaçant chez les autres, en multipliant les interventions à l'extérieur (associations, prisons, hôpitaux) et en testant les facettes du métier (écrire, réaliser des vidéos, etc.). Un chapitre sera consacré à ces diverses possibilités.

7 Pensez à présent aux moments où vous vous êtes senti vraiment vous-même, épanoui dans votre travail, vos loisirs, vos activités.

- Quand avez-vous été capable de donner le meilleur de vous ?
- Quelle(s) activité(s) exerciez-vous alors ?
- Étiez-vous seul ou en groupe ?
- Dans quelle situation vous sentez-vous plein d'énergie, débordant d'entrain ?
- Quels sont les moments pendant lesquels le temps passe à la vitesse de l'éclair ?

Écrivez les réponses en lettres majuscules.

Exemples :

Quand je LIS, quand je fais des RECHERCHES, quand je travaille en GROUPE, quand j'ÉCRIS...

Êtes-vous prêt pour une reconversion ?

8 Pour quelles raisons souhaitez-vous devenir sophrologue ?

Faites la liste de ce qui vous vient à l'esprit, de ce qui vous motive dans ce métier. Ne limitez pas le nombre de réponses.

Puis classez les raisons par ordre de priorité.

Exemple :

Liste des raisons en vrac	Classement par ordre de priorité
Rencontrer Échanger Aider Être libre de mes horaires	1. Aider 2. Rencontrer 3. Échanger 4. Être libre de mes horaires

En fonction des critères indiqués dans la colonne de gauche, remplissez à l'aide de mots-clés le tableau des avantages et des inconvénients que comporte, à vos yeux, ce métier.

Illustrez brièvement ces mots-clés (exemple, explication).

Exemple : Catherine, 38 ans, mariée, deux filles de 7 et 10 ans.

	Avantages	Inconvénients
Vie familiale	TEMPS Je pourrais passer plus de TEMPS à la maison (moins de temps de transport). Je pourrais aller chercher les ENFANTS à l'école deux fois par semaine.	
Ressources financières		INSÉCURITÉ Pas de salaire fixe Je ne sais pas en combien de temps je pourrais gagner ma vie.
Déplacements / voyages à titre personnel		MOINS DE VOYAGES Je n'aurais plus de RTT ni de congés payés.
Vie sociale	RENCONTRES Je rencontrerais davantage de monde, des personnes d'origines et de statuts variés.	
Loisirs	SPORT Je pourrais aller nager le matin et suivre mon cours de yoga le mardi soir.	
Santé/bien-être	CALME Je serais moins stressée par la pression hiérarchique.	INSÉCURITÉ Je ne bénéficierais plus de la mutuelle de mon entreprise.
Équilibre, vie personnelle	CONFIANCE ACCOMPLISSEMENT Réaliser l'un de mes rêves.	PEUR Peur de ne pas y arriver et de perdre la face.

Bilan

Inconvénients: peur, insécurité financière.

Avantages: plus de temps libre, meilleure qualité de vie, épanouissement personnel.

MON **CONSEIL**

À Catherine, je conseillerais de garder son premier métier et de s'assurer l'aide des proches afin de pouvoir se réaliser en toute sérénité.

Si vous êtes en reconversion (sinon, passez cette étape)

Si vous envisagez de changer de travail, réfléchissez bien aux causes de ce désir de changement: est-il dû à un mal-être? Un ras-le-bol? Une mauvaise ambiance? Une charge de travail excessive? Surtout, ne partez pas sur un coup de tête.

9 Dressez la liste de ce que vous aimez dans votre travail (un mot par ligne).

Exemples: ambiance, locaux, salaire, expérience acquise, habitudes...

Puis la liste des causes de mal-être professionnel.

Exemples: charge de travail, temps de transport, N+2 caractériel, responsabilités écrasantes...

Demandez-vous si cette situation est temporaire et pourrait évoluer favorablement, avec une autre organisation par exemple. Si les motifs de mal-être et les désirs de changement viennent de l'extérieur? Ou si, au contraire, ils sont intrinsèques au travail, qui lui-même ne vous comble plus? Ou encore, si vous sentez que vous ne parviendrez pas à vous réaliser car il n'y a pas d'évolution possible dans ce métier?

Les yeux fermés, en état d'accueil, posez-vous ces deux questions et observez votre corps, comme vous savez le faire désormais :

- Si je restais au travail en essayant d'améliorer la situation, comment me sentirais-je ?
- Si je quittais ce travail pour une formation en sophrologie, comment me sentirais-je ?

Vous sentez-vous mieux durant la première ou la seconde question ? Notez vos impressions, les émotions comme elles arrivent : mettez des + et des – pour chaque ressenti (voir exercice suivant).

10 Et si… je restais au travail en essayant d'améliorer la situation, comment me sentirais-je ?

Modifications	Émotion, sensation	Plus (+) ou moins (–)
Boule au ventre	Angoisse	–
Larmes aux yeux	Tristesse	–
Poids sur la poitrine	Angoisse	–

Si je quittais ce travail pour une formation en sophrologie, comment me sentirais-je ?

Modifications	Émotion, sensation	Plus (+) ou moins (–)
Ouverture des épaules	Soulagement	+
Sourire intérieur	Joie	+
Serrement dans la poitrine	Peur	–

→ Cet exercice vous permet de matérialiser par des + et par des – les côtés positifs et négatifs de cette décision et d'en tirer les conclusions, sans vous laisser submerger par les émotions.

Les qualités requises

Il serait vain de chercher à dresser une liste exhaustive des qualités requises pour être sophrologue. En effet, nous l'avons vu, chacun a loisir d'adapter sa personnalité et sa démarche à ce métier protéiforme, qu'il pourra exercer à sa manière. En revanche, certains traits de personnalité sont requis car ils sont inhérents à tout métier de thérapeute.

Voici les principaux, à mon sens ; veillez à les développer s'ils vous manquent :

- Savoir écouter/aimer écouter ;
- faire preuve de bienveillance ;
- être équilibré (avoir déjà accompli un travail sur soi) ;
- savoir prendre du recul ;
- savoir travailler seul et prendre seul des décisions ;
- être respectueux d'autrui ;
- être curieux d'esprit ;
- savoir s'adapter ;
- savoir se protéger (attention à trop d'empathie) ;
- savoir se taire (pour écouter l'autre, ne pas parler de soi) ;
- respecter la confidence (indispensable) ;
- être ponctuel ;
- être patient.

La visualisation **positive**

Je vous propose à présent d'écouter une séquence audio et, pour cela, je vous invite à consulter la page Internet :

www.veronica-brown.fr/devenir-sophrologue

Cet exercice de sophrologie, qui fait appel à la visualisation, vous permettra d'activer toutes vos capacités de confiance et de projection positive afin d'atteindre votre but. C'est une autre étape, souvent mal connue, de la route vers le succès. Les sportifs professionnels le savent bien : à niveau technique égal, seule une bonne préparation mentale fera la différence. La visualisation positive, qui permet une pensée associée à une émotion positive, relève aussi du courant dit de la « loi de l'attraction » (très médiatisé par *Le Secret* de Rhonda Byrne, vendu à plus de 25 millions d'exemplaires à travers le monde, ou par les ouvrages sur la pensée positive de Louise Hay).

Les résultats sont exceptionnels lorsque cette pensée est pratiquée en état de profonde relaxation, à la suite d'une induction sophrologique (ou hypnotique) : à ce stade en effet, les défenses psychiques de notre mental se mettent en sourdine et nous permettent de contourner le facteur critique. Aidons notre mental à imaginer notre succès et à nous mobiliser, cérébralement et émotionnellement.

Quelques **conseils**

Testez la sophrologie !

Avant d'entreprendre une formation, je vous suggère vivement de vous offrir un véritable accompagnement : quelques séances, en fonction de votre objectif. Profitez-en pour observer le travail du sophrologue et pour vous demander si vous auriez envie d'être à sa place.

Partagez vos doutes

Autre point essentiel dans la réussite d'un projet : pouvoir bénéficier de l'aide d'autrui et tisser un réseau solide.

Les proches d'abord, dont il faut vous assurer le soutien

Ne vous contentez pas d'une réponse approximative et vérifiez avec eux leur niveau et leur degré d'investissement :

- S'agit-il d'un soutien moral ? Votre partenaire, vos proches sont-ils favorables et vous soutiennent-ils dans votre projet ?
- D'un soutien financier ? Quels sacrifices sont-ils prêts à faire ? Par exemple, est-il envisageable de vivre d'un seul salaire pendant un an ?
- Quid de la gestion du quotidien ? Votre partenaire est-il d'accord pour s'occuper des enfants si vous partez un week-end sur deux en formation ?

Établissez la liste de vos besoins, de ce que vous attendez, et cochez les points positifs et ceux pour lesquels il faudra envisager d'autres solutions. Si vous ne pouvez bénéficier d'aucun soutien, autant le savoir afin de vous organiser en conséquence. Mais n'en profitez pas pour procrastiner et repousser indéfiniment votre projet car les conditions idéales ne seront jamais toutes réunies.

Les personnes compétentes, afin de bénéficier de leur savoir-faire et de leur expérience

Sitôt votre décision prise, je vous suggère de vous inscrire à des groupes de discussion entre stagiaires ou professionnels. Vous profiterez ainsi de conseils avisés, recevrez le soutien et partagerez les acquis de sophrologues en activité, connaîtrez les questions qu'ils se posent. Il existe des groupes Facebook très actifs comme « sophrologie open source » ou « forum sophrologie » entre autres, que vous pouvez dès lors demander à rejoindre.

Les sondages et les témoignages existants

À cette fin, je vous livre les précieuses recommandations de sophrologues qui ont accepté de répondre à la question posée dans un formulaire envoyé lors de l'écriture de ce livre : « *Si vous aviez des conseils pour ceux qui souhaitent devenir sophrologues, que leur diriez-vous ?* » Je remercie vivement celles et ceux qui ont bien voulu participer car leurs témoignages enrichissent considérablement ce projet. J'ai regroupé ici une vingtaine de réponses, qui reflètent l'ensemble des échanges et vous donneront la vision la plus juste, à mon sens, de ce que signifie être sophrologue aujourd'hui en France : il s'agit en effet de retours d'expérience et non de messages émanant d'écoles de formation.

Ces témoignages viennent de la France entière, certains praticiens exerçant dans de grandes villes et d'autres dans de petites agglomérations.

Régine (Cotentin), sophrologue depuis 2010

« Avoir expérimenté la sophrologie pour soi avant de vouloir en faire son métier pour que ce soit une vraie envie et non parce que ça devient "à la mode". »

Marie-Lys (Lyon), sophrologue depuis 2015

« Trouver une bonne formation et ne pas tout lâcher pour ce métier. Il faut du temps. »

Pierre (Lyon), sophrologue depuis 2016
« Réaliser leur rêve, visionner leur objectif et tout mettre en place pour l'atteindre. »

Joëlle (Est parisien), sophrologue depuis 2016
« Tenir compte de la réalité objective du métier : les horaires, les revenus, un manque d'accompagnement suite à la formation. »

Irène (La Rochelle), sophrologue depuis 2010
« Il est indispensable de se faire confiance et de toujours continuer de travailler sur soi. Soyez-en assuré, ça marche. »

Vanessa (Isère), sophrologue depuis 2011
« C'est un métier passionnant mais, lorsque l'on débute, il faut être très patient car l'activité est longue à se développer. »

Marie (Paris), sophrologue depuis 2015
« Je peux dire aujourd'hui avec un peu de recul que, sans l'apport d'autres écoles ou d'autres courants, ma formation de base me semblerait bien pauvre et ne me permettrait sûrement pas de m'épanouir dans une pratique ouverte, responsable et créative avec mes patients. »

Aude (Pas-de-Calais), sophrologue depuis 2011
« Il faut être persévérant et ne jamais baisser les bras. »

Sylvaine (Bordeaux), sophrologue depuis 2015
« Prendre son temps, bien choisir son école et beaucoup pratiquer. Je pense que ce métier de sophrologue passe d'abord par le vécu personnel. »

Nathalie (Vincennes), sophrologue depuis 2015
« C'est dans l'air du temps mais, quand on aime les gens et que l'on aime prendre soin d'eux, c'est le métier qu'il faut. Je conseille tout de même d'agrandir la palette de soins avec d'autres thérapies pour être plus en paix financièrement. »

Les points à retenir des témoignages de praticiens

- Avant de devenir sophrologue, faire un travail sur soi.
- Savoir pour quelles raisons, on souhaite devenir sophrologue.
- Tester la sophrologie sur soi.
- Bien définir son projet (voir chapitre 3).
- Bien choisir sa formation (voir chapitre 4).
- Ne pas se lancer à corps perdu dans le métier mais ne pas non plus abandonner trop vite: savoir persévérer car c'est un métier passionnant.
- Être conscient qu'il faut du temps pour s'installer et donc le prévoir.
- Dans un premier temps, ne pas compter uniquement sur la sophrologie pour vivre.

Quelques mises en garde

Si vous choisissez ce métier, c'est probablement que vous avez un côté « sauveur » selon les archétypes élaborés par le psychiatre Carl Gustav Jung. Ce modèle de comportement, qui provient de mythes immémoriaux, est très fréquent chez les thérapeutes. Le sauveur aime à s'occuper de l'autre, à prendre part à sa souffrance, à être dans l'empathie, à l'aider à trouver des solutions. J'insiste sur l'importance d'un travail préalable sur soi, sans quoi le risque est grand de se sentir tout-puissant et, finalement, d'utiliser l'autre pour soigner ses propres blessures.

Faites un travail sur vous pas seulement psychologique mais aussi corporel. Concrètement, il faut être à l'aise dans son corps pour animer les exercices car vous devrez vous tenir en face de votre client, debout et mimer des exercices (de respiration, de contractions musculaires ou autres). Vous sentez-vous capable de faire cela sans vous sentir ridicule? Car un sophrologue ça bouge, ça respire, ça mime, ça accompagne, ça observe aussi.

Soyez à l'aise avec la parole car vous allez beaucoup parler. Écouter et parler, accompagner, guider par la voix. La sophrologie comporte une grande part de paroles échangées. Que ce soit avant les exercices ou dans l'écoute des ressentis du client après les exercices, lors de la phase que l'on appelle « phénodescription ».

Gardez toujours à l'esprit que la solution, ce n'est jamais le thérapeute qui la détient mais le client. Lorsqu'une personne me dit : « Vous m'avez sauvé la vie, heureusement que vous étiez là ! », je réponds que je n'y suis pour rien, je n'ai fait que guider, accompagner, de mon mieux. François Roustang, philosophe, psychanalyste et hypnothérapeute, l'explique bien dans son ouvrage *Il suffit d'un geste* : « *Les savants qui entreprennent de mesurer l'efficacité des psychothérapies ont relevé que, dans un nombre de cas non négligeables, l'absence de thérapie, par exemple pour raison de liste d'attente ou de défaut de financement, donnait d'aussi bons résultats que la thérapie elle-même. Opinion qui ne vise nullement à déprécier les psychothérapeutes, mais qui incite à reconnaître ce truisme : c'est le porteur du comportement inadéquat qui est le seul à pouvoir en changer, et, s'il prend la décision, il sera le seul à le faire.* » Ces réflexions permettent de rester à sa juste place mais également de ne pas se sentir trop affecté lorsque l'accompagnement ne se passe pas comme on l'aurait souhaité.

Vous serez confronté à des histoires difficiles. Même si les écoles de formation préfèrent pour la plupart ignorer cet aspect des choses afin de ne pas effrayer le futur sophrologue, il faudra apprendre à les accueillir. Pour cela, une supervision est vivement conseillée, voire obligatoire non seulement pour soulager mais aussi pour obtenir conseil.

Un point dont on parle peu et qui pourtant est fréquent : bien que n'étant pas psy, nous sommes dans une relation thérapeutique qui peut déclencher le mécanisme de transfert. Il est essentiel d'en connaître les principes. Sous l'emprise du transfert, le client pensera que vous détenez la solution. Par ailleurs, lors des séances, il est possible qu'il éprouve des sentiments tels que frustration, colère ou désir. L'aider à prendre conscience de ses ressentis lui permettra de dépasser de telles émotions. Le savoir permet de ne pas réagir de manière émotionnelle à notre tour mais d'accueillir ces manifestations et de remettre le client à sa juste place.

N'oubliez pas qu'il s'agit d'un métier d'aide à la personne et qu'un sophrologue doit être capable d'aimer son « sophronisé », c'est-à-dire son client, dans un sens amical j'entends. Bien sûr, il sera fondamental de respecter les limites que nous avons déjà évoquées.

À présent j'espère que vous avez une idée plus précise du métier, de son adéquation à votre personne comme à votre histoire et de la manière dont vous pourriez l'aborder. Si c'est le cas, passons au chapitre suivant qui vous permettra d'avancer : en déterminant un objectif précis et un plan d'action rigoureux.

Partie 2

Je décide de devenir sophrologue

Chapitre 3

Je détermine mon objectif SMART en connaissance de cause

Objectif
Étudier le contexte actuel de la sophrologie, les conséquences de son évolution rapide et, dans ce contexte, par rapport à la situation de chacun, définir un objectif précis, réaliste, accompagné d'un échéancier stable.

« *Là où vos talents et les besoins du monde se rencontrent. Là est votre vocation.*
Aristote »

Un métier qui **bouge**

Comme vous le savez, le métier de sophrologue est en constante évolution : c'est pourquoi je vous propose de faire un point sur la situation des sophrologues en France depuis 2015 avant de passer à la détermination de votre objectif, qui devra tenir compte de cette réalité.

Vous avez peut-être remarqué l'absence d'informations officielles concernant le chiffre d'affaires (CA) moyen des sophrologues et, si vous avez posé la question aux écoles de formation, vous n'aurez obtenu que des réponses très vagues. Les données les plus fiables proviennent de formulaires d'« enquêtes métier » remplis par les sophrologues en activité en France. Si elles ne constituent pas des statistiques au sens strict, elles fournissent néanmoins de précieuses indications de terrain sur deux questions importantes : puis-je vivre de ce métier ? Si oui, en combien de temps ? Disposant d'une vision plus claire du marché, vous serez en mesure de bien étudier votre situation afin de l'adapter à la réalité et à votre projet.

En l'absence d'objectifs précisément définis, votre projet serait trop aléatoire et vous risqueriez d'abandonner à la première difficulté. Or, nous l'avons vu au chapitre précédent, la persévérance est fondamentale pour la réussite d'un projet. Je suis persuadée que les sophrologues qui gagnent bien leur vie aujourd'hui et s'épanouissent dans l'exercice du métier n'ont pas négligé ce point.

Vous êtes prêt ? Allons-y !

Le sophrologue est un caméléon

Vous l'avez compris, la sophrologie est multiple et s'exerce de tant de façons qu'il serait impossible d'en dresser la liste exhaustive puisqu'elle recèle autant de modalités que d'êtres humains. Toutes ces possibilités, et bien d'autres qui restent à inventer, vous permettront d'orienter votre objectif en fonction de vos affinités et des opportunités qui s'offrent à vous : nous étudierons lesquelles en détail dans le chapitre 5.

Il me semble que les difficultés d'installation rencontrées par la majorité des sophrologues aujourd'hui tiennent au fait qu'ils ne cherchent pas à exploiter toutes les facettes de ce métier.

L'exemple de Nicolas est révélateur : ce garçon de 32 ans travaillait dans une association pour personnes handicapées et souhaitait se faire licencier afin de se former à la sophrologie et d'ouvrir un cabinet. Je lui fis comprendre qu'il serait plus judicieux d'utiliser l'association comme levier au lieu de la quitter et le persuadai d'en parler à la DRH. Il a ainsi obtenu d'emblée un financement et la mise à disposition d'une salle de consultation en contrepartie de séances gratuites pour les patients de l'association. Du même coup, il bénéficiait non seulement d'une structure d'accueil mais aussi de clients potentiels à portée de main : collègues et familles des personnes handicapées.

La situation des sophrologues en France

Dialogue avec une amie ostéopathe

Avant de me reconvertir, j'ai demandé conseil à quelques personnes avisées, dont une amie ostéopathe, installée à Paris depuis des années. Je savais pouvoir compter sur sa vision expérimentée et bienveillante. Elle écouta attentivement la présentation de mon projet puis lança d'une voix assurée :

« Avouons que j'ai eu peur quand tu as parlé de reconversion : pour tout dire, j'ai cru que tu songeais à l'ostéopathie !

— Ah bon, mais où est le problème ?

— Chez nous, le marché est saturé. Mais la sophro, c'est parfait ! Fonce ! »

Depuis cette conversation, le nombre de sophrologues a constamment progressé, au point que nous risquons de connaître à notre tour la même saturation qu'en ostéopathie, avec cependant un statut moins protecteur. En effet, les ostéopathes bénéficient d'un « numéro Adeli » : ils sont inscrits au Répertoire national des professionnels de santé, ce qui n'est pas notre cas à ce jour. C'est pourquoi, avant de « foncer », je vous suggère d'étudier le marché et de prendre en compte les éléments rassemblés dans ce chapitre.

Les écoles de formation se multiplient comme des petits pains

Grâce au succès de la sophrologie mais aussi de la reconversion, chaque année de nouvelles écoles ouvrent leurs portes. Par ailleurs, les établissements existants multiplient leurs antennes dans tout le pays. Les formations en ligne prospèrent également, si bien que le nombre de sophrologues arrivant sur le marché augmente régulièrement.

La demande explose et les écoles en profitent. S'il est difficile de chiffrer les conséquences d'un tel « business » et de situer le point d'équilibre entre l'offre et la demande, on se doute que cette expansion affectera le sort des sophrologues formés à la pelle.

Le chapitre suivant vous aidera justement à faire le tri parmi les écoles et à choisir la formation qui vous convient le mieux.

Le métier : données chiffrées et conclusions à tirer

Posons la question qui intéresse tout le monde : peut-on vivre correctement du métier de sophrologue ? Cela dépend bien sûr de plusieurs facteurs et, avant tout, de ce qu'on entend par « correctement ». Pour certains, le Smic est un salaire correct ; pour d'autres, gagner 5 000 euros sera loin de suffire.

Voici, afin d'étayer la réflexion, quelques chiffres tirés de deux enquêtes : l'une menée par Sabine Pernet, sophrologue[1] ; l'autre par moi-même[2], auprès d'environ 300 collègues en France.

Le contexte

Précisons d'abord le contexte : qui sont les sophrologues exerçant aujourd'hui en France ?

- Ce sont à 85 % des femmes, mais le nombre d'hommes en formation augmente chaque année.
- 75 % des praticiens ont plus de 40 ans, 25 % ont entre 25 et 40 ans et seulement 1 % a moins de 25 ans.

1. Études 2015, 2016, 2017, 2018 et 2019 réalisées par Sabine Pernet.
Référence : www.relaxationdynamique.fr/metier-sophrologue-en-2019-resultats-de-lenquete/
2. Étude 2019 réalisée par Veronica Brown.

- Dans la majorité des cas, la sophrologie est une activité de reconversion, ce qui explique les chiffres précédents.
- 50 % exercent la sophrologie en plus d'un autre métier, pourcentage qui tend à augmenter chaque année.

Combien gagnent les sophrologues aujourd'hui ?

Il n'existe pas de chiffres officiels, comme je l'ai évoqué. On dispose néanmoins d'études qui, sans être scientifiques, ont le mérite d'exister. Les données, collectées dans toute la France, émanent de sophrologues en activité ayant été formés en école.

L'information qui vous intéresse sûrement le plus concerne le CA. Recueillie en 2015 auprès de 146 praticiens, puis en 2016 (303 praticiens), en 2017 (280 praticiens) et en 2018 (environ 380 praticiens). En 2019, la situation reste stable avec une légère hausse de revenus (1,43 %) et toujours peu de sophrologues parviennent à gagner l'équivalent du Smic horaire (1 185,35 € euros net par mois).

Le nombre de sophrologues gagnant le Smic ou davantage semble augmenter légèrement. Observons cependant que le nombre de participants à l'enquête n'est pas identique d'une année sur l'autre.

Ceux qui y parviennent mettent généralement deux à trois ans pour atteindre le Smic ou plus. De nouveau, nous constatons que les trois quarts des sophrologues gagnent moins que le Smic.

- 80 % des sophrologues qui dépassent le Smic gagnent entre 1 500 et 3 000 euros et 15 % gagnent au-delà de 3 000 euros net mensuels.

Les conclusions à tirer

- L'installation ne sera jamais aussi facile ni aussi rapide que veulent le laisser croire les écoles de formation.
- Un tiers des sophrologues gagne le Smic en mettant deux à trois ans pour y parvenir. Il semblerait que de plus en plus de sophrologues atteignent ce seuil mais qu'ils mettent davantage de temps pour y arriver.

- Mieux vaut garder un premier métier, ou mettre de côté de quoi vivre pendant les années d'installation, afin d'avoir du temps pour développer sa clientèle.
- De plus en plus de professionnels pratiquent la sophrologie en complément d'un autre métier.
- Autre élément intéressant tiré de ces études : il semble que de moins en moins de sophrologues exercent en cabinet.
- Par ailleurs, ils sont de plus en plus nombreux à s'installer en province.

Avant de vous lancer, soyez prévoyant financièrement. La liberté du thérapeute devient vite relative dès qu'on stresse pour cause de fins de mois difficiles. Au début en tout cas, vous devrez mettre un coup de collier tel que vous travaillerez parfois le soir, le week-end, voire durant les vacances. Il ne faut pas négliger cela en fantasmant sur un métier facile et sans contraintes.

Dans le chapitre précédent, vous avez pu déterminer les points forts et les points faibles de votre projet ainsi que vos motivations profondes. Vous connaissez à présent le contexte dans lequel vous allez exercer. Loin de vous décourager, cet aperçu devrait vous inciter à faire preuve de créativité et d'ingéniosité dans votre manière d'aborder le métier. En effet, une bonne préparation vous aidera à optimiser vos prestations et à gagner du temps. Pour cela, une ultime réflexion s'impose avant de déterminer votre objectif : de quelle manière comptez-vous exercer ?

Déterminez votre **objectif SMART**

Comme son nom l'indique, le SMART est un objectif intelligent. Cet acronyme renvoie aux cinq caractéristiques qu'un objectif doit posséder pour être réalisable. Très utilisée en marketing, la méthode SMART règne dans les pays anglo-saxons et particulièrement aux États-Unis, dans le monde du travail.

Développons l'acronyme, en vue de mémoriser les cinq qualités SMART :

- S comme Spécifique ;
- M comme Mesurable ;
- A comme Atteignable ;
- R comme Réaliste ;
- T comme Temporel, c'est-à-dire échelonné dans le temps.

DÉFINISSEZ VOS **OBJECTIFS !**

Imprimez votre objectif sur papier, afin qu'il soit facilement lisible et exploitable. Composez d'abord un tableau, comme ci-dessous. Renseignez chaque case puis déterminez en une phrase votre objectif, en tenant compte de tous les conseils/explications. Le travail que vous avez accompli au chapitre précédent vous aidera à remplir aisément le tableau.

Une fois fixé, l'objectif peut être révisé en cours de route : c'est un processus itératif, adaptable et non pas gravé dans le marbre.

S comme Spécifique	Définissez un objectif précis, concret, en commençant par « Je ». Et, en bon sophrologue, énoncez-le de manière positive ! Aucune ambiguïté n'est possible quant à votre but : « Je voudrais changer de métier » serait trop vague. Exemple d'objectif spécifique : *Je souhaite faire de la sophrologie mon seul métier.*
M comme Mesurable	Le fait de quantifier votre objectif vous aide à vous concentrer sur votre cible et à vous alerter dès que vous déviez de la trajectoire. Il s'agit de réunir des critères objectifs permettant d'évaluer clairement votre but ainsi que les étapes à traverser pour l'atteindre. Imaginons que vous souhaitez courir 10 kilomètres l'an prochain à la même date. Votre objectif SMART est : *« Je veux courir facilement 10 kilomètres trois fois par semaine d'ici le 30 septembre prochain. »* La façon de le mesurer pourrait être : je cours 3 kilomètres un jour par semaine d'ici à Noël. À partir de Noël, 5 kilomètres, deux jours par semaine. En avril, 7 kilomètres, trois jours par semaine et, le 30 septembre, j'arrive à 10 kilomètres, trois jours par semaine. Exemple : *« Je souhaite gagner le Smic d'ici à trois ans avec la sophrologie en visant 5 clients par semaine et une séance de groupe en entreprise la première année ; 10 clients, avec deux séances de groupe par semaine la deuxième année, plus un atelier ; et 15 clients, avec trois séances de groupe plus un stage la troisième année. »* Vous pourrez ainsi, chaque année, évaluer votre progression grâce à des étapes précises et, nous l'avons vu, réajuster votre trajectoire en cas de besoin. Attention à ne pas tomber dans l'excès inverse : si vous n'avez que 5 clients au lieu des 7 prévus, démarchez davantage ou renforcez votre publicité mais ne remettez pas en cause votre objectif final.

⇨

A comme Atteignable	Il s'agit de trouver un objectif qui puisse être atteint grâce à des efforts acceptables et qui vous motive. Pour cela, attention à ne pas placer la barre trop haut : un objectif doit pouvoir s'atteindre. Pour autant, ne visez pas non plus trop bas car si l'enjeu n'est pas assez ambitieux vous manquerez de motivation. Attention à ne pas être trop perfectionniste car le danger serait de ne jamais vous lancer. Acceptez aussi de vous améliorer avec le temps. La peur de ne pas être « parfait » est souvent un frein mais la perfection n'est pas atteignable. Là encore, on peut modifier en cours de route la hauteur de la barre si nécessaire. Si vous aviez comme objectif d'atteindre 10 personnes par semaine mais que, stimulé par votre enthousiasme, vous en recevez davantage, ajustez en conséquence. Exemple : « *Je m'inscris à une formation pendant un an.* *L'année suivante, je cherche un beau cabinet à louer deux jours par semaine près de chez moi (budget maximum 300 euros), tout en gardant mon premier travail à mi-temps.* *L'année suivante, je passe à trois journées hebdomadaires en cabinet et, dans trois ans, je me consacre entièrement à la sophrologie.* »
R comme Réaliste	L'objectif doit prendre en compte vos ressources (temps, argent, énergie) ainsi que le contexte familial et professionnel. Évaluez soigneusement le temps que requièrent votre travail ainsi que vos activités familiales et personnelles. Combien d'heures par semaine, combien de jours par mois pourrez-vous consacrer à votre formation puis à votre installation ? De combien d'argent aurez-vous besoin ? Établissez un budget précis. Votre objectif doit être compatible avec vos autres contraintes. Exemple : « *Je souhaite gagner l'équivalent de mon salaire actuel en ayant une qualité de vie meilleure et un travail qui me donne entière satisfaction. Pour cela, je consacrerai 7 jours par mois à cette reconversion la première année, puis 2 jours et demi par semaine la deuxième année.* »

T comme Temporel	Quand souhaitez-vous réaliser cet objectif ? Fixer une échéance vous responsabilisera et vous incitera à ne pas perdre de temps : par là même, vous mobiliserez l'énergie nécessaire en vue de l'atteindre en temps et en heure. Ne fixez pas non plus de date trop lointaine afin de ne pas vous décourager en cours de route. Exemple : « *En 2020, je m'installe à plein temps en tant que sophrologue et gagne 2 000 euros mensuellement.* »

Bilan

Vous disposez maintenant d'un objectif spécifique, mesurable, atteignable, réaliste et temporel, avec les étapes que vous avez définies pour y parvenir.

Chapitre 4

Bien choisir ma formation

✓ Objectif
Gagner du temps en décryptant l'organisation de la profession, afin de choisir une formation adaptée au plus juste.

> *Il faudra toujours continuer à apprendre et à te perfectionner, et ce n'est pas à l'école que tu pourras le faire. L'école donne des diplômes, mais c'est dans la vie qu'on se forme.*
> Amadou Hampâté Bâ

L'importance d'une **formation adéquate** dans une profession non réglementée

Lorsque j'ai commencé à étudier la sophrologie, il y avait dans mon immeuble parisien une sophrologue. Pas n'importe laquelle puisqu'elle indiquait sur sa plaque : « Sophrologue vivante ». Qu'entendait-elle par là ? Son cabinet sentait l'encens et une musique *New Age* se faisait entendre depuis la cour. Espérant que cette dame soit toujours « vivante », je profite de l'anecdote pour illustrer les équivoques auxquelles la sophrologie donne lieu si l'on n'a pas reçu la bonne formation.

À l'évidence, cette femme a confondu l'adjectif « vivante » avec la « vivance » (ou « vivance phronique », *vivancia*), terme de sophrologie qui désigne ce qui se passe lors des exercices : les perceptions ressenties et nommées, bref, la phénoménologie caycédienne. Par ailleurs la musique, les odeurs, tout ce qui vient « brouiller » le ressenti de la personne est à éviter.

En l'absence de formation sérieuse, vos accompagnements seront « à côté de la plaque » et votre posture de sophrologue illégitime, sans parler du tort que vous risquez de causer à la profession et à vos clients.

Devenir sophrologue implique de suivre une formation digne de ce nom : dans la mesure où aucune réglementation n'existe, nous avons l'obligation morale d'exercer dignement. Mais puisque n'importe qui peut s'autoproclamer sophrologue, comment garantir notre sérieux et, par là même, celui de la profession tout entière ? Le choix de la formation est primordial, car celle-ci vous permettra d'adhérer en connaissance de cause aux règles déontologiques et de les respecter. Cerise sur le gâteau : l'obtention de la certification RNCP validera vos qualités de sophrologue à la fois comme théoricien et comme praticien.

Ayant eu la chance d'être membre de jury RNCP, j'ai pu constater que les écarts de posture étaient plus sanctionnés qu'une erreur dans l'animation d'un exercice ou que l'oubli d'une question. Je me souviens particulièrement d'un examen qui simulait une anamnèse (c'est-à-dire le premier entretien, lors duquel nous déterminons l'objectif du client). Jouant une personne souffrant de phobie de l'avion, je décrivais mes symptômes à la candidate, qui me demanda froidement, en me fixant droit dans les yeux : « Et maintenant, si je dis AVION, qu'est-ce que ça vous fait ? Et si je dis ACCIDENT ? » Elle insistait et j'imaginais la pauvre cliente phobique sortir traumatisée du cabinet. Rappelons que la phobie n'est pas à prendre à la légère : j'ai une cliente qui ne peut même pas prononcer le mot « araignée » et dit « *spider* ». Il est évident que ce genre d'interrogatoire n'est pas acceptable chez un sophrologue, de qui l'on attend une attitude positive et bienveillante. Bien que la candidate ait réussi les autres épreuves, nous ne lui avons pas délivré le titre RNCP parce qu'elle risquait de nuire à ses clients. Je ne sais de quelle école elle venait mais probablement pas de celles qui insistent sur l'éthique. (Il est en effet possible d'obtenir le titre RNCP ailleurs que dans l'établissement dans lequel on a été formé si celui-ci ne le propose pas.)

Même la meilleure formation ne garantit pas qu'on deviendra un bon sophrologue et, inversement, d'excellents thérapeutes sortent d'écoles moins cotées. L'important est de trouver *celle qui vous convient*.

Je me propose de vous donner les principaux critères pour trouver la formation qui vous correspondra le mieux, sachant que l'essentiel sera toujours votre motivation. Compte tenu des contraintes liées à l'apprentissage, du temps que vous y consacrerez, parfois des problèmes dus à la reconversion (partage du temps entre diverses activités, fatigue, exigences familiales, remises en question, échéances financières), il faut vraiment que l'envie d'exercer ce métier soit très forte. Si vous avez fait les tests du chapitre précédent et pris le temps de réfléchir à votre projet, vous avez vraisemblablement écarté les risques de flancher en route – comme c'est le cas pour 50 % des stagiaires, qui abandonnent entre la première et la deuxième année d'études.

Je demande **une aide**

Financer sa formation

Les formations pour devenir sophrologue peuvent être prises en charge intégralement ou en partie. De nombreux organismes ont pour mission de financer les dispositifs tels que le congé individuel de formation (CIF), le compte personnel de formation (CPF), la validation des acquis de l'expérience (VAE)...

Comment procéder ?

- Interrogez votre école pour savoir si les formations proposées peuvent faire l'objet de financement et auprès de quels organismes.

- Renseignez-vous pour savoir si l'établissement est référencé par Qualiopi[1].
- Renseignez-vous sur toutes les aides dont vous pourrez bénéficier dans le cadre de votre projet, soit pour la formation, soit pour la création d'entreprise.
- Demandez alors votre dossier de prise en charge à l'organisme financeur ou à votre employeur.
- Remplissez la partie du dossier qui vous concerne.
- Envoyez le dossier à l'école de formation qui doit le compléter.
- Renvoyez le dossier complet, avec les justificatifs requis, à l'organisme de formation.
- Attendez l'accord écrit et transmettez-le à l'école de formation.

Quelques cas de figure possibles

Vous êtes salarié

En tant que salarié d'entreprise, vous disposez d'un compte personnel de formation (CPF) qui vous donne droit à un certain nombre d'heures de formation chaque année. Il n'est pas exclu que vous puissiez y ajouter vos anciennes heures de droit individuel à la formation (DIF). En fonction du nombre d'heures inscrit sur votre CPF, la formation sera complètement prise en charge ou seulement en partie (frais pédagogiques ou frais annexes). Si elle n'est pas totalement prise en charge, divers abondements (c'est-à-dire compléments) peuvent être trouvés par le biais du conseiller en évolution professionnelle (CÉP) ou encore par votre employeur, en sollicitant l'Organisme Paritaire Collecteur Agréé (OPCA) de votre région.

Adressez-vous à la personne en charge des ressources humaines (RH) ou renseignez-vous auprès des représentants du personnel comme les comités d'entreprise (CE) ou les délégués du personnel pour faire une demande de dossier.

1. Qualiopi est le label de qualité d'une formation accordée par le Ministère du Travail. Au 1er janvier 2021, les organismes de formation, centres de bilan de compétences et accompagnateurs VAE devront être certifiés selon le référentiel national qualité (RNQ) pour accéder aux financements publics ou mutualisés.

Ainsi, vous avez droit à une reconversion et à une aide de votre employeur dans cette démarche. Pendant la durée de la formation, vous conservez votre salaire. Certes, il peut s'avérer délicat de monter un dossier indiquant clairement à votre employeur que vous souhaitez vous reconvertir mais, si vous êtes sûr de votre choix, c'est une option très intéressante.

Vous êtes au chômage

Renseignez-vous auprès de votre conseiller Pôle emploi pour savoir si vous avez droit à une aide à la formation, qui peut être totale ou partielle en fonction du nombre d'heures inscrit sur votre CPF. L'OPCA auquel vous étiez rattaché en tant que salarié peut parfois prendre le relais de la partie manquante.

Vous êtes travailleur indépendant

En tant que microentrepreneur, vous cotisez obligatoirement à la formation professionnelle depuis le 1er janvier 2011 et pouvez prétendre à une aide. C'est le Fonds d'assurance formation qui délivre ces aides.

Depuis 2018, un CPF est ouvert aux travailleurs non salariés, professions libérales ou professions non salariées.

Vous êtes agent public (contractuel, fonctionnaire)

Depuis le 1er janvier 2017, vous avez également le droit d'utiliser les droits acquis sur votre compte personnel d'activité (c'est-à-dire le CPF plus un compte d'engagement citoyen, le CEC). Vous trouverez plus d'informations sur le site : www.fonction-publique.gouv.fr/fonction-publique/carriere-et-parcours-professionnel

Les principaux organismes d'aide à la formation

Voici la liste des principaux organismes, classés par ordre alphabétique, qui proposent des aides à la formation. Votre fiche de salaire indique le nom de celui dont vous dépendez. À défaut, la personne chargée des ressources humaines vous renseignera.

- Actalians/Opca PL (salariés des professions libérales, hôpitaux privés et enseignement privé)
- Afdas (culture, communication, médias, loisirs)
- Agecif-Cama (salariés du Crédit Agricole, Mutualité Sociale Agricole, Groupama)
- Agefiph (travailleurs handicapés)
- Agefos PME-CGM (interprofessionnel, 50 branches professionnelles dont les industries graphiques)
- Anfa (services automobiles)
- Anfh (fonction publique hospitalière)
- Constructys (BTP)
- Fafiec (sociétés du numérique, ingénierie, conseil, métiers de l'évènement)
- Fafih (hôtellerie et restauration)
- Faf.TT (travail temporaire)
- Fafsea (entreprises agricoles)
- Fif pl (professionnels libéraux indépendants)
- Fongecif Auvergne-Rhône-Alpes (interprofessionnel)
- Fongecif Bretagne (interprofessionnel)
- Fongecif Centre-Val-de-Loire (interprofessionnel)
- Fongecif Corse (interprofessionnel)
- Fongecif Guadeloupe (interprofessionnel)

- Fongecif Guyane (interprofessionnel)
- Fongecif Grand Est (interprofessionnel)
- Fongecif Hauts-de-France (interprofessionnel)
- Fongecif Île-de-France (interprofessionnel)
- Fongecif Martinique (interprofessionnel)
- Fongecif Normandie (interprofessionnel)
- Fongecif Nouvelle Aquitaine (interprofessionnel)
- Fongecif Occitanie (interprofessionnel)
- Fongecif PACA (interprofessionnel)
- Fongecif Pays-de-la-Loire (interprofessionnel)
- Fongecif Réunion (interprofessionnel)
- Forco (commerce de détail et distribution)
- Intergros (commerce de gros et commerce international)
- Opca 3+ (ameublement, bois, matériaux de construction, papiers, cartons)
- Opca Baia (banques, assurances, mutuelles)
- Opca Defi (chimie, pétrole, pharmacie, parapharmacie, vétérinaire, plasturgie)
- Opcalia (interprofessionnel, 29 branches professionnelles)
- Opca Transports (transports)
- Opcaim (métallurgie)
- Opcalim (agro-alimentaire)
- Unagecif (Banque de France, industries électriques et gazières, RATP, SNCF)
- Unifaf (secteur sanitaire, social et médico-social)
- Uniformation (économie sociale, habitat social et protection sociale)

Bon à savoir

- Si vous demandez une aide à la formation et que vous ne l'obtenez pas, vous n'êtes pas tenu de suivre la session, sauf si vous réservez une place et signez un contrat de formation ; dans ce cas vous vous engagez à la financer à titre individuel.
- Vous pouvez déposer une demande pour la formation initiale mais aussi pour des spécialisations.
- Si vous recevez la réponse alors que la formation est commencée, demandez bien si vous pouvez vous inscrire à la prochaine session.
- Pour toute question, n'hésitez pas à vous adresser à votre école.

Aide à la création d'entreprise

Renseignez-vous auprès de la chambre de commerce. Vous pouvez également faire un tour sur le site : www.lecoindesentrepreneurs.fr à la rubrique « Création d'entreprise ».

Les sophrologues sollicitent les aides à la formation plutôt qu'à la création d'entreprise. Je ne vais pas développer cette dernière option mais sachez qu'elle existe.

- Plusieurs aides sont prévues pour les demandeurs d'emploi (exonération temporaire de charges sociales, maintien des allocations Pôle emploi ou possibilité de se faire verser une partie du reliquat des droits Pôle emploi).
- Divers organismes de soutien à la création d'entreprise peuvent vous attribuer des aides sous la forme de prêts (pour la formation, tout ou en partie, la plupart du temps à taux zéro).
- Il existe en outre des aides spécifiques à certaines régions.
- En fonction de la nature de votre activité, une bonne idée peut être subventionnée.

Comment la profession est-elle **organisée** ?

Faites une recherche sur Internet et vous constaterez que les informations sont obscures et dispersées. Afin de vous aider à y voir clair et à comprendre comment se structure la sophrologie, je vous propose une liste des syndicats et instances qui représentent aujourd'hui de manière sérieuse la profession en France.

Lorsque vous adhérez à ces syndicats ou organismes, vous pouvez afficher leur logo sur votre site et vos supports de communication.

Les principaux syndicats

Syndicat des sophrologues professionnels (SSP)

Créé en 2003. Il faut, pour adhérer, avoir suivi une formation d'au moins 300 heures de présentiel sur deux ans minimum, avec plusieurs formateurs. Les stagiaires y sont admis sous condition.

Adhésion : 110 euros pour l'année civile.

https ://syndicat-sophrologues-professionnels.fr

Chambre syndicale de la sophrologie (CSS)

Créée par Catherine Aliotta en 2011. Il faut être stagiaire dans une école de sophrologue ou sophrologue pour adhérer.

Cotisation : 12 euros par an.

www.chambre-syndicale-sophrologie.fr

Syndicat français de la sophrologie caycédienne (SFSCay)

Créé en 2013. Pour y adhérer, il faut avoir été formé dans l'une des écoles du réseau Sofrocay.

Cotisation : 15 euros par an.

www.sfscay.fr

Syndicat des sophrologues indépendant (SSI)

Ce syndicat n'a aucune attache avec des écoles de sophrologie mais demande aux sophrologues d'avoir suivi un minimum de 300 heures de formation et d'être certifié pour adhérer.

Il propose différents tarifs : sympathisant (10 euros par an), étudiant (15 euros par an) ou en activité (55 euros par an ; inscription à l'annuaire pour un supplément de 25 euros).

www. syndicat-sophrologues-independant.fr

Les grands organismes de sophrologie

Société française de sophrologie (SFS)

Association créée en 1966 par les Drs Raymond Abrezol et Armand Dumont. Son objectif est de promouvoir la sophrologie en France de manière autorisée et ouverte, en regroupant différents courants.

Adhérer vous assurera notamment des tarifs réduits pour participer aux congrès et manifestations de la Société, et pour figurer dans son annuaire. Vous pourrez aussi publier/faire connaître vos travaux sur le site SFS.

Tarifs : de 50 euros (membre associé, sans droit de vote) à 80 euros (membre actif). Adhérer et s'abonner à l'annuaire sont deux démarches distinctes (abonnement à l'annuaire : 40 euros, valable de date à date) mais l'adhésion est nécessaire pour s'inscrire à l'annuaire.

Celui-ci ne mentionne que les sophrologues ayant obtenu un certificat émanant d'écoles répondant aux exigences de la SFS (formation de base d'au moins 300 heures et dispensée sur deux ans en présentiel).

www.sophrologie-francaise.com

Groupe d'épistémologie de la sophrologie (GES)

Autre association, créée en 2010 et présidée par Richard Esposito. Le GES est une unité de recherche qui évalue la portée de la sophrologie dans différents domaines d'application afin de la promouvoir et d'établir un réseau interactif de praticiens français et étrangers. Elle travaille en collaboration avec de nombreux professionnels de santé, universitaires et scientifiques. Les résultats des travaux sont publiés dans la revue *Annales d'épistémologie de la sophrologie*. Une collection « Parcours Sophro », constituée d'une quinzaine d'ouvrages, expose également les recherches en cours. Parallèlement, le GES est partenaire du magazine grand public *Sophrologie Pratiques et Perspectives*. Adhésion annuelle : 12 euros (il faut justifier de 300 heures de formation pour y adhérer).

http://sophrologie-recherche.com

Observatoire national de la sophrologie (ONS)

Association fondée en 2008. Elle se donne pour mission de faire reconnaître la sophrologie « comme discipline et comme métier », accueille tous courants indépendants et organise des colloques. Adhésion annuelle : 50 euros.

www.observatoire-sophrologie.fr

Les regroupements d'écoles de sophrologie

Fédération des écoles professionnelles en sophrologie (FEPS)

La Fédération a vu le jour en 2011 sous forme d'un regroupement d'écoles (4 à l'origine, 12 aujourd'hui). Celles-ci doivent respecter les critères fixés par la FEPS et être élues à la majorité des membres.

La FEPS dit garantir le sérieux et la compétence des praticiens formés dans son réseau. Les formations comportent un minimum de 400 heures en présentiel sur deux ans, dispensées par une équipe d'au moins 6 intervenants. La FEPS propose des évaluations continues ainsi qu'un accompagnement à l'installation.

Alliance professionnelle européenne des écoles de sophrologie (APEES)

Créée en 2012 et affiliée à la Société française de sophrologie (voir plus haut), l'APEES regroupe une vingtaine d'écoles qui forment des praticiens selon un cursus de 300 heures minimum en présentiel sur deux ans. Les écoles qui adhèrent doivent respecter les critères établis par les États généraux de la formation (ci-dessous).

Quelques événements importants

États généraux de la formation en sophrologie (EGF)

Regroupement d'écoles de sophrologie, créé en 2008 par plusieurs directeurs, avec le concours du SSP et de la SFS. Ce rassemblement annuel permet d'établir des critères communs d'enseignement en sophrologie et une harmonisation auprès des pouvoirs publics.

Université d'été

La FEPS (voir ci-dessus) organise tous les deux ans en juillet, en alternance avec les congrès, des Universités d'été de 3 ou 4 jours, avec ateliers axés sur différentes thématiques (sport, respiration, danse, douleur).

Renseignements sur le site :
http ://feps-sophrologie.fr/accueil.html

Comment choisir **ma formation** ?

Gardez bien à l'esprit l'existence de deux courants principaux : la sophrologie et la sophrologie caycédienne (on qualifie également le premier de « sophrologie non caycédienne »). L'appartenance d'une école à l'un ou l'autre courant n'a pas d'impact sur la qualité mais sur le fond de son enseignement.

En 1992, confronté au succès de la sophrologie, le Dr Alfonso Caycedo forgea le qualificatif de « caycédien », terme déposé qui distingue sa méthode de celle des autres écoles – lesquelles, estimait-il, ne reflétaient pas toujours sa philosophie. Le courant caycédien est représenté par Sofrocay, instance dirigée par le Dr Natalia Caycedo, fille du fondateur. Sofrocay se définit comme « l'institution fédératrice de la sophrologie caycédienne en tant que discipline de recherche, mais également pour son enseignement et son application ». Ainsi, les praticiens caycédiens sont exclusivement formés dans une école de la fondation Caycedo. La seule formation suivie dans une école déléguée (environ 250 h sur un an) n'habilite pas pour autant à s'installer comme « sophrologue caycédien® » : il faut compléter cette formation par quatre stages, répartis sur deux ans et dispensés en Andorre.

Pourtant, d'autres écoles sont sérieuses et connaissent un vif succès mais, comme l'hypnose et d'autres disciplines, la sophrologie pâtit de querelles de chapelle. Rappelons donc que l'intransigeance et l'intolérance ne sont jamais souhaitables, a fortiori chez un sophrologue. À vous de faire la part des choses et de décider à quel courant adhérer.

CE QUE JE VOUS DÉCONSEILLE

Une formation par correspondance. Pourquoi ? Parce que notre discipline requiert beaucoup d'entraînement et qu'il est impossible de pratiquer seul. Les formations à distance ne sont d'ailleurs reconnues ni par le syndicat des sophrologues professionnels ni par le syndicat français de la sophrologie caycédienne.

Les questions à poser sur l'école

- Les supports pédagogiques (classeurs, livres, vidéos...) sont-ils fournis par l'établissement ?
- Est-il possible d'obtenir une aide financière pour la formation ?
- Quel est le tarif de la formation ? Divisez le coût total par le nombre d'heures pour connaître le coût horaire et vérifiez que les heures indiquées dans les brochures correspondent à celles dispensées par l'école (sans inclure l'entraînement ou le travail personnel).
- Combien y a-t-il d'intervenants ? Je vous invite à choisir une école mobilisant au minimum 6 intervenants différents au long de la formation.
- Les intervenants exercent-ils en parallèle ? Les formateurs dépourvus de pratique de terrain sont à éviter puisque le retour d'expérience et les observations à partager constituent des apports décisifs pour les élèves.
- L'école enseigne-t-elle l'animation des 4 premiers degrés de la relaxation dynamique (base minimum requise pour exercer le métier de sophrologue) ? Propose-t-elle un suivi après la formation ? Des conseils d'installation ? Une supervision ? Il est essentiel de garantir un service « après formation » qui ne se réduise pas à un forum d'anciens élèves où circuleraient toutes sortes d'âneries, sans contrôle d'un modérateur qualifié. Souvent conseillée, la supervision devrait à mon sens être obligatoire.
- Vérifier si l'école a obtenu la nouvelle qualification de validation de la qualité de formation, désormais délivrée par le Ministère du Travail et qui s'intitule :

Qualiopi. Une qualification conforme au nouveau Référentiel National de Qualité (RNQ) qui valide 32 indicateurs spécifiques concernant la qualité de ses processus de formation. La certification Qualiopi sera obligatoire au 1er janvier 2021 pour tous les organismes de formation souhaitant bénéficier de financements de fonds publics ou mutualisés. Auparavant, certaines écoles étaient référencées par Datadock. Aujourd'hui, il s'agit d'une certification qui est obtenue pour 3 ans avec un contrôle chaque année.

- Pendant la formation ou à son terme, un stage est-il contrôlé par l'Institut, et pas seulement dans le cadre d'un passage du RNCP : contrôle de la préparation, de son déroulement, du retour des séances, etc. ? Là encore une supervision par un formateur est-elle proposée ?
- Depuis quand l'école existe-t-elle ? Mieux vaut privilégier les écoles actives depuis plusieurs années. Vérifiez en préfecture la date d'enregistrement de la vôtre comme organisme de formation. Les établissements dûment enregistrés n'ont pas le droit de demander un acompte d'inscription avant le délai de rétractation. Là encore, si l'école ne vous présente pas de contrat comportant toutes ces informations (dont le délai de rétractation), ce n'est pas bon signe.
- Si la formation inclut la certification au RNCP, quelles en sont les modalités ? (Examens ? Lesquels ? Stage ? Évaluation continue ?)

À VÉRIFIER

Attention, la certification RNCP est renouvelée tous les cinq ans : une école qui l'avait obtenue peut donc ne plus voir son titre renouvelé. C'est le cas de plus en plus d'écoles car la profession de sophrologue ne permet pas une employabilité suffisante, selon les critères d'évaluation de la commission.

- Un forum de discussion ou un blog est-il proposé ? Quel type de forum ? Qui modère et vérifie les informations publiées ?
- L'école propose-t-elle l'inscription dans un annuaire au terme de la formation ?

Les questions à poser sur le programme

- L'accent est-il mis sur la pratique ? Il est essentiel que les élèves pratiquent et s'entraînent à animer les exercices, à mener des anamnèses, à recueillir les phénodescriptions (retours d'expérience sur les ressentis lors des exercices)... Idéalement, chaque journée de formation doit comporter au moins un entraînement pratique.
- Des cours théoriques sont-ils dispensés, accompagnés de supports audiovisuels ?
- L'école propose-t-elle bien :
  - Des jeux de rôles ?
  - Des études de cas ?
  - Un travail individuel avec animation d'exercices ?
  - Des travaux en sous-groupes ?
- Prépare-t-elle à l'animation de groupes ?
- Forme-t-elle à la consultation individuelle et de quelle manière ?
- Organise-t-elle des entraînements réguliers en situation de pratique, seul et en groupe ?
- Y a-t-il des évaluations régulières, orales et écrites, ou juste un examen en fin de parcours ? Je privilégierais les évaluations régulières.
- Le travail est-il suivi par un formateur référent ?
- L'accomplissement d'un ou de plusieurs stages est-il obligatoire ? Combien d'heures sont-elles requises ? L'expérience acquise en stage me semble un prérequis impératif avant de se lancer en cabinet.
- Les rapports de stage sont-ils corrigés ?
- Si un titre RNCP est proposé, est-il payant ou le prix est-il inclus dans la formation ? **Je précise que le titre est attribué à une école et en aucun cas à un sophrologue, contrairement à ce qui est souvent mentionné à tort.** Le sophrologue pourra avoir un cursus certifié RNCP mais en aucun cas être lui-même certifié RNCP. C'est un point sujet à polémique récurrente sur les forums de sophrologues. Loin d'être claire, cette subtilité crée une confusion entretenue par de nombreuses

écoles qui peuvent écrire sur leur présentation « devenez sophrologue RNCP » ou « formation qualifiante RNCP », ou encore « formation qualifiante de niveau III reconnue par l'État ». Les établissements ne sont pas répertoriés RNCP mais les titres et certificats qu'ils délivrent peuvent l'être. Un même établissement pourra délivrer un titre qui le sera et un autre pas. De même, un établissement ne fait pas passer l'examen RNCP contrairement à ce qui est souvent indiqué. Il va seulement valider auprès d'un jury compétent ou sous forme de contrôle continu que le candidat a bien validé les acquis qui justifient que le cursus répond aux critères RNCP. Se renseigner car certaines écoles facturent un supplément pour l'inscription et le passage des acquis RNCP, ce qui est souvent une mauvaise surprise.

Autres recommandations

Attention aux points suivants :

- La sophrologie, ce n'est pas l'hypnose ni la PNL. Attention aux écoles qui mélangent trop les genres.
- On ne peut pas être spécialiste en tout. J'ai tendance à me méfier des écoles qui proposent des spécialisations dans de nombreux domaines (sophrologie et entreprises, sophrologie et maternité, sophrologie ludique, sophrologie en EHPAD...) sans faire appel à des prestataires extérieurs.
- S'il y a spécialisation, l'école fait-elle intervenir des formateurs extérieurs qualifiés dans chacun des domaines enseignés ?
- Vérifier si l'école a obtenu la nouvelle qualification de validation de la qualité de formation, désormais délivrée par le ministère du Travail et qui s'intitule : Qualiopi. Une qualification conforme au nouveau référentiel national de qualité (RNQ) qui valide 32 indicateurs spécifiques concernant la qualité de ses processus de formation. La certification Qualiopi sera obligatoire au 1er janvier 2021 pour tous les organismes de formation souhaitant bénéficier de financements de fonds publics ou mutualisés. Auparavant certaines écoles étaient référencées par Datadock. Aujourd'hui, il s'agit d'une certification qui est obtenue pour 3 ans avec un contrôle chaque année.

Si des journées « Portes ouvertes » sont organisées, allez-y ! N'hésitez pas à appeler, à prendre rendez-vous, à visiter les locaux, à surfer sur les forums à la recherche d'avis. En fonction du temps que vous souhaitez consacrer à votre formation, de votre personnalité et de votre intuition, vous choisirez le courant – caycédien ou non – d'appartenance.

D'une manière générale, les stagiaires se déclarent satisfaits de leur formation. Aucune école ne garantit de former un « bon sophrologue » puisque cette qualité est personnelle. De plus, un sophrologue pourra convenir à un client et pas à un autre. En revanche, certaines formations répondront mieux à vos attentes et vous éviteront de pratiquer une sophrologie au mieux inutile, au pire nuisible.

Y a-t-il des **diplômes de sophrologie** ?

Un seul titre officiel : l'enregistrement au Répertoire National des Certifications professionnelles (RNCP). Il existe également un diplôme universitaire (DU) de sophrologie en France, mais pas de diplôme d'État ni même de master, mais des niveaux de qualification différents.

La distinction officielle est le titre dûment enregistré au RNCP, dit « titre RNCP ». L'école qui le délivre est enregistrée au Répertoire. Celui-ci est édité par la Commission Nationale de la Certification Professionnelle (CNCP), organisme rattaché au ministère du Travail.

La procédure d'enregistrement pour les écoles est longue et répond à des critères précis. Toutes n'obtiennent pas cette distinction, de durée limitée (cinq ans).

La certification constitue une solide avancée dans la reconnaissance de notre métier mais elle recouvre une multiplicité de situations : en effet, chaque école inscrite au RNCP établit des critères d'évaluation différents selon son programme. Chaque organisme adresse une demande individuelle à la CNCP en fonction de sa conception de la sophrologie et de ses choix pédagogiques : contenus, nombre d'heures de formation, modalités d'enseignement.

POUR PLUS D'INFOS

Si vous souhaitez plus d'informations, connectez-vous sur le site : www.rncp.cncp.gouv.fr en inscrivant « sophrologue » dans la fenêtre de recherche par mots-clés. Vous obtiendrez pour chaque école la fiche officielle (éditée par la CNCP) du titre RNCP en tant que sophrologue, sophrologue praticien ou praticien en sophrologie.

Comme indiqué précédemment[1], ce titre n'est pas obligatoire mais il offre une indéniable garantie de sérieux, notamment aux yeux de vos prescripteurs (médecins, psychothérapeutes...) et de vos clients (entreprises, hôpitaux...) en raison de sa reconnaissance par l'État.

Comment est évalué ce niveau de compétence ?

À ce jour, sept titres de sophrologue sont enregistrés au RNCP et, bien que le niveau de qualification soit le même pour tous (aujourd'hui niveau III en France et V en Europe), on observe des différences sur le référentiel lui-même.

En effet, chaque école qui délivre ce titre le fait en fonction des moyens pédagogiques mis en œuvre et de la manière dont les compétences sont évaluées. Certaines écoles proposent le titre RNCP à la fin du cursus de formation, sur la base d'une évaluation continue. D'autres font passer un examen, parfois après l'accomplissement de stages et la rédaction d'un mémoire.

Sachez que vous pouvez valider les acquis RNCP dans une autre école si la vôtre n'est pas inscrite à ce certificat. Dans ce cas, renseignez-vous sur les compétences à acquérir et les modalités d'obtention définies par l'école dans laquelle vous le passerez. Même démarche en ce qui concerne la VAE pour les sophrologues qui ont commencé à exercer et souhaitent obtenir cette certification.

1. Voir ci-dessus, chap. 1, p. 8 et 11.

Quelles écoles délivrent ce titre ?

Il faut, là encore, distinguer entre deux types d'organismes qui parfois cumulent les deux fonctions :

- Les écoles qui préparent à l'obtention du titre (une trentaine en France).
- Les écoles qui délivrent le titre, c'est-à-dire qui font passer un examen (sept en France aujourd'hui). En voici la liste par ordre alphabétique, avec un lien qui vous permettra de connaître les qualifications requises. J'inclus les spécificités que j'ai pu recueillir sur chacune d'elles, ainsi que les tarifs.

INFORMEZ-**VOUS** !

Les informations ci-dessous sont susceptibles d'évoluer au niveau des tarifs, des modalités d'inscriptions ou des formations elles-mêmes. Vérifiez auprès de l'école car le titre RNCP est renouvelé tous les cinq ans.

Les écoles ne fournissent pas toujours les mêmes informations et certaines de mes questions sont restées sans réponse.

Vous trouverez également pour chaque école des réflexions personnelles inspirées par la lecture des programmes ou les informations collectées sur le site Internet.

Les principales écoles de sophrologie

1. Académie de sophrologie de Paris

20 rue Henri Bocquillon – 75015 Paris
Tél. 01 45 57 27 20
http://academie-sophrologie.fr

Créée en 1991, l'Académie est dirigée par le Dr Patrick-André Chéné, auteur de plusieurs ouvrages sur la sophrologie.

L'une des spécificités de l'école est d'établir avec chaque stagiaire, au terme du cursus, un projet professionnel et de délivrer le titre de sophrologue dont le cursus est certifié RNCP après un rapport d'exercice et six mois d'activité professionnelle en tant que sophrologue libéral, salarié ou bénévole.

L'association des anciens élèves est censée assurer le suivi des sophrologues grâce à des réunions régulières avec l'équipe de formateurs.

Formation

Entre un et deux ans, selon le calendrier choisi, avec module d'initiation obligatoire de 2 jours.

Tarifs

Les tarifs ne sont pas indiqués sur le site, il faut écrire pour les obtenir.

Module d'initiation de 2 jours : 330 euros.

Formation de 36 jours : 4 600 euros (13,30 euros/h).

2. Conscientia Sarl – Esophro Formation

3 quai de Tourville – 44000 Nantes
Tél. 02 28 44 23 70
www.esophro.fr

L'école propose du présentiel et de la formation en e-learning, avec une plateforme pour s'entraîner : en tout 540 heures de formation, dont 360 en présentiel, 100 en e-learning et 80 de professionnalisation.

Spécificité : possibilité d'un cursus en alternance-entreprise pour la seconde année.

Formation

Cycle de base : 540 heures sur 24 mois.

L'école propose également des formations d'animateurs en sophrologie, destinées à des personnes recherchant une acquisition professionnelle de 1er niveau en sophrologie, ainsi qu'une spécialisation entreprise/institutions.

Tarifs

Formation de sophrologue généraliste : 5 730 euros (15,91 euros/h).

3. École des hautes études de sophrologie et bio-analyse (EDHES)

Les Blondeaux – 7 sentier des Closeaux
94240 L'Haÿ-les-Roses
Tél. 01 49 73 30 30
www.sophrologie-bioanalyse.com

L'EDHES est une délégation de la Faculté européenne de sophrologie. L'école propose aussi des séminaires et des journées de spécialisation.

Formation

Organisée sur 3 niveaux :

- Praticien sophrologue (niveau III – RNCP – code 26777 – Faculté européenne de sophrologie). Sophrologie et pratique : 320 heures sur 6, 12 ou 18 mois. Examen pratique de mise en situation professionnelle (en public avec jury), oral (en public avec jury). Examen : rédaction d'un mémoire thématique concernant 3 cas cliniques pris en charge ; soutenance en public devant un jury de professionnels sophranalystes.
- Sophrologue-spécialiste (niveau II – Faculté européenne de sophrologie) : 318 heures sur 6 ou 12 mois. Écrit avec double correction, oral en public devant un jury de professionnels sophrologues spécialistes.
- Sophrologue-analyste (niveau I – Faculté européenne de sophrologie) : 319 heures de cours.

Tarifs

Niveau III : 3 600 euros (11,25 euros/h) en individuel ; 5 220 euros (16,31 euros/h) si prise en charge.

Niveau II : 5 850 euros (18,39 euros/h) en individuel ; 7 780,80 euros (24,46 euros/h) si prise en charge.

Niveau I : 6 600 euros (20,68 euros/h) en individuel ; 8 643,60 euros (27,09 euros/h) si prise en charge.

4. École de sophrologie (PACA)

La Valentine – 20 traverse de la Bugine
13011 Marseille
Tél. 06 84 61 15 25
www.ecole-sophrologie-marseille.com

Autre école à Toulon.

L'enseignement allie la sophrologie « phénoménologique existentielle » du Dr Caycedo et l'approche « empathique » de Marshall Rosenberg (fondateur de la communication non violente).

Formation

Cursus intensif en semaine ou selon des formules week-end divisé en 4 modules permettant de l'adapter à son emploi du temps :

- compétences fondamentales : 960 euros sur 10 jours ;
- sophrologie et relation d'aide : 1 152 euros sur 12 jours ;
- sophrologie et pédagogie : 576 euros sur 6 jours ;
- validation du parcours en sophrologie : 192 euros sur 2 jours.

Soit 240 heures en présentiel + 60 heures de stage = 300 heures en tout.

Tarifs

2 880 euros (12 euros/h).

5. École française de sophrothérapie (EFDS)

38-42, rue Gallieni – 92600 Asnières-sur-Seine
Tél. 01 79 75 84 84
www.efds-sophrologie.fr

Formation

L'école propose 2 formules :

- Une formation en cours particuliers en classe virtuelle (visioconférence individuelle) ainsi que deux séminaires et un stage pratique. Une plateforme e-learning est à disposition des stagiaires. La formation est de 12 mois soit 320 heures.

- Une formation en cours collectifs sous la forme de quatre séminaires intensifs (4 fois 4 jours) combinés à des séances de classes virtuelles. La formation est de 10 mois. Elle est proposée dans différentes villes (Paris, Lyon, Marseille, Bordeaux et Fort-de-France en Martinique). Total : 320 heures.

Tarifs

Formule cours particuliers : 3 500 euros (10,93 euros/h) ; 3 900 euros si prise en charge (12,18 euros/h).

Formule cours collectifs : 3 500 euros (10,93 euros/h).

6. Institut de formation à la sophrologie (Aliotta formation), Paris

52 rue René-Boulanger – 75010 Paris
Tél. 01 43 38 43 90
www.sophrologie-formation.fr

L'Institut, fondé en 2003 par Catherine Aliotta, organise aussi des formations en province (Bordeaux, Lille, Lyon, Marseille, Nantes, Nice, Strasbourg, Toulouse). Des journées « Portes ouvertes » s'y tiennent régulièrement.

La spécificité de cet Institut est de préparer le sophrologue à utiliser des protocoles spécifiques pour accompagner ses clients.

Formation

L'école dispense des formations de 6 à 12 mois et des spécialisations selon 3 formules : 6 mois, 1 an ou 2 ans.

Petite précision : le site indique 304 heures de formation, cela inclut 96 heures de travail personnel ainsi que les 16 heures de stage facultatives.

Tarifs

3 590 euros (18,69 euros/h).

7. Fédération des écoles professionnelles en sophrologie (FEPS)

Le but de cette fédération comme indiqué sur son site est « la volonté de défendre un métier, le souci permanent de la qualité de la formation délivrée, et la défense de la profession du sophrologue social ». Voici **la liste des centres de formation** composant cette fédération, classés par département (ordre alphabétique).

- Centre de formation des sophrologues professionnels (CFSP), Caen (Calvados)

14 rue Martin-Luther-King
14280 Saint-Contest
Tél. 09 75 77 37 93
www.cfsp-formation-sophrologue.com

Cette école est à l'origine de la revue *Sophrologie, pratiques et perspectives*, vendue en kiosque et destinée au grand public. Elle dit assurer le suivi professionnel.

Formation

En deux ans, à Caen ou Rouen. La formation se déroule soit sur 3 jours (du samedi au lundi) soit sur 4 jours (du jeudi au dimanche). Soit 432 heures de formation au Centre + 12 jours de stage.

Premier cycle de 272 heures, comprenant différentes formules de stage et des évaluations continues (fiches de travail, animation de séances devant un référent) avec un certificat délivré en fin d'année.

Second cycle de 172 heures d'approfondissement, avec stages et contrôle des acquis, qui donne droit à l'enregistrement dans l'annuaire en ligne.

Tarifs

Cycle 1 : 3 910 euros (14,35 euros/h).
Cycle 2 : 2 370 euros (13,77 euros/h).

Cycle complet : 6 280 euros (14,14 euros/h).

L'école propose également des stages de recyclage, d'approfondissement et de spécialisation pour sophrologues ainsi que des accompagnements des stagiaires pour leur installation.

Centre de formation des sophrologues professionnels (CFSP), Rouen (Seine maritime)

22 boulevard de l'Europe – 76100 Rouen
Tél. 09 75 77 37 93
www.cfsp-formation-sophrologue.com

La formation se déroule à Caen ou à Rouen.

Formation

Au moins 432 heures en Centre et 12 heures pour le stage d'application, soit un total de 444 heures distribuées comme suit :

- un cycle fondamental de 272 heures, qui inclut différents stages ;
- un second cycle de 172 heures pour un titre de praticien en sophrologie, donnant droit à l'inscription dans un annuaire en ligne.

Formations proposées sur 3 jours (du samedi au lundi) ou sur 4 (du jeudi au dimanche).

Tarifs

1re année : 3 910 euros (14,37 euros/h) ; 2de année 2 370 euros (13,77 euros/h). Soit un total de 6 280 euros (14,14 euros/h), stage inclus.

Institut de sophrologie du Sud-Ouest (ISSO), Toulouse (Haute-Garonne) et Bordeaux (Gironde)

Le Tertial, Bât. 1, 214 route de Saint-Simon
31100 Toulouse
Tél. 05 82 95 03 71
www.sophrologie-sudouest.com

78 rue de Tauzia – 33000 Bordeaux
Tél. 05 82 95 03 71
www.sophrologie-sudouest.com

Deux sites : Toulouse (créé en 2008) et Bordeaux. Des journées « Portes ouvertes » sont organisées, ainsi que deux journées « Découverte de l'Institut et de la sophrologie ». La formation inclut de nombreuses mises en situation.

Formation et tarifs

Cycle fondamental de 272 heures et cycle supérieur de 192 heures (sans les stages).

Cycle 1 : 3 536 euros en individuel (13 euros/h) ; 4 080 euros si prise en charge (15 euros/h).

Cycle 2 : 2 640 euros en individuel (13,75 euros/h) ; 3 256 euros si prise en charge (16,95 euros/h).

Cycle complet : 6 176 euros TTC en individuel (13,31 euros/h) ; 7 336 euros TTC si financement par un OPCA (15,81 euros/h).

Des spécialisations sont également proposées.

- École française de sophrologie (EFS), Montpellier (Hérault), La Réunion

5 rue Castilhon – 34000 Montpellier
Tél. 04 67 52 53 00
www.ecole-formation-sophrologie.fr

L'École propose 60 journées de formation et un site Internet professionnel personnalisable. Elle met en place, en seconde année, une aide à la construction d'un business plan et à l'élaboration des moyens de communication (maquettes de supports).

Formation

Répartie en deux groupes de 15-20 personnes qui fonctionnent en synergie. Le lieu de formation se veut un lieu de vie, où l'on peut échanger, organiser des pots et des soirées.
430 heures de formation au sein de l'École, dispensées en 20 sessions de 3 jours sur deux ans.

Tarifs

Cycle complet : 5 977 euros TTC (13,90 euros/h).

143 ancienne RN3, condé 400 – 97432 Ravine-des-Cabris
Tél. 06 92 79 18 53
www.formation-sophrologie-reunion.fr

L'EFS de Montpellier, active depuis plus de vingt ans, a ouvert cette structure à La Réunion, selon le même modèle.

Formation

Premier cycle de 12 mois : 12 stages de 3 jours sur 12 week-ends prolongés (du vendredi au dimanche), soit 258 heures de cours.

Second cycle de même durée sur 12 mois : 172 heures de cours + 12 heures de stage.

Soit 430 heures de cours + 12 heures de stage.

Tarifs

5 977 euros (13,9 euros/h).

- Institut de sophrologie de Rennes (ISR), Rennes (Ille-et-Vilaine)

La Migorais – 35480 Guipry-Messac
Tél. 02 99 34 21 21
www.sophrologie-formations.com

L'ISR existe depuis 1981.

Cette formation est cofinancée par l'Union européenne.

Formation

Inscrite dans la pure tradition des écoles caycédiennes.
417 heures sur deux ans. Supervision bien présente, avec un contrôle *in situ*.

Tarifs

6 591 euros en individuel (15,81 euros/h).

- École de sophrologie du Nord-Est (ESNE), Reims (Marne)

6 rue Simon – 51100 Reims
Tél. 06 18 02 01 50
http://esne51.info

Prérequis pour intégrer l'école : lettre de motivation accompagnée du parcours professionnel et d'un projet personnel défini ; participation à une journée de sensibilisation à la sophrologie ou à une séance/un entretien préalable. Possibilité d'enregistrer les cours.

Formation

Formation de base : 20 modules de 2 ou 3 jours, plus des modules fondamentaux, d'autres thématiques (ludo-sophrologie, ou sophrologie et confiance en soi, ou sophrologie et séances individuelles) ainsi qu'un stage de 12 heures supervisé.

Tarifs

Cycle complet : 5 958 euros en individuel (13,98 euros/h) ; 7 518 euros si prise en charge (17,64 euros/h).

- Institut de sophrologie humaniste (ISH), Lille (Nord)

127 boulevard de la Liberté – 59800 Lille
Tél. 03 59 51 63 74
http://institut-sophrologie-humaniste.fr

Institut ouvert en 2007. Prérequis pour s'inscrire : niveau bac (sauf exception) avec lettre de motivation et entretien préalable.

Première année : connaissances de base. Seconde année : approfondissement des connaissances professionnelles, adaptation des connaissances à différents publics et choix d'une spécialisation.

En fin de cursus, stage de mise en situation professionnelle conclu par une soutenance en public.

Formation

Première année : séminaires en week-end ou en semaine (12 sessions de 3 jours) pour 288 heures.

Seconde année : séminaires en week-end (7 sessions de 3 jours) sur 165 heures.

Soit 453 heures sur deux ans en présentiel, en plus du travail personnel.

Tarifs

6 065 euros en individuel (13,38 euros/h) ; 7 780 euros si prise en charge (17,17 euros/h).

■ Institut français de sophrologie et du métier de sophrologue (IFSMS), Clermont-Ferrand (Puy-de-Dôme) et Limoges (Haute-Vienne)

34 boulevard Aristide-Briand
63000 Clermont-Ferrand
Tél. 05 87 43 08 08

Chéops 87
55, rue de l'Ancienne École normale d'instituteurs
87000 Limoges
Tél. 05 87 43 08 08
www.ifsms.com

Deux sites : Limoges et Clermont-Ferrand. À l'issue des deux ans, spécialisation en « régulation et gestion du stress ».

Les intervenants sont tous censés être des professionnels en exercice. L'admission se fait après l'étude d'un dossier et un entretien.

Formation

Cycle initial (fondamentaux de la sophrologie) : 12 modules de 2 et 3 jours (soit 34 jours ou 260 heures), répartis sur plus de 12 mois en présentiel.

Cycle d'approfondissement : 10 modules de 2 à 3 jours (soit 25 jours ou 190 heures) et 18 heures d'enseignement dirigé en présentiel, répartis sur 12 mois et 15 heures de stage.

Tarifs

Cycles 1 et 2 : 6 180 euros (13,73 euros/h).

■ Institut de sophrologie Rhône-Alpes (ISRA), région lyonnaise

10 chemin des Tards-Venus – 69530 Brignais
Tél. 04 78 74 93 77
http://sophrologie-rhonealpes.com

Existe depuis 1986. L'ISRA indique garder un lien avec les stagiaires après la formation et publie diverses informations : événements, locations de cabinet, demandes d'activité dans différentes structures ou entreprises... L'ISRA organise également des rencontres, congrès et remises de certification.

Formation

Étude d'un dossier et entretien avant validation de l'inscription. Supervision proposée en fin de formation. Le cursus comporte 38 jours de formation, répartis sur 17 mois environ.

Cycle fondamental : 276 heures de cours et ateliers, auxquelles s'ajoutent au moins 300 heures de travail personnel + 12 heures de stage d'application. Le cycle est divisé en 4 modules :

- module A : 2 jours de mise en route ;
- module B : 16,5 jours pour acquérir les 1er et 2e degrés ;
- module C : 13,5 jours pour acquérir les 3e et 4e degrés ;
- module D : 6 jours de mise en pratique professionnelle.

L'ISRA propose encore des modules de cycle supérieur sur des thématiques comme l'installation professionnelle.

Tarifs

Cycle fondamental 288 heures (avec le stage) : 4 560 euros (15,83 euros/h).

Cycle supérieur 154 heures : 2 625 euros (17,04 euros/h).

Total 442 heures : 7 185 euros (16,25 euros/h).

Centre d'étude et d'application de la sophrologie (CEAS), Paris

16 boulevard Saint-Denis – 75010 Paris
Tél. 01 42 08 56 01
www.sophrologie-ceas.org

Créé en 1976, le Centre propose des formations bilingues français/anglais et des ateliers « Découverte » en collaboration avec The Sophrology Academy (Ashford, Kent).

Formation

Cycle fondamental : 248 heures, dispensées en 31 jours répartis sur 14 mois.
Cycle supérieur : 192 heures, comprenant un stage de 12 heures.

Tarifs

Cycle 1 et 2 : 5 986 euros (14,11 euros/h) en individuel ; 6 994 euros (16,47 euros/h) si prise en charge.

■ Institut A. Zuili, Avignon (Vaucluse)

147 avenue du Mont-Ventoux – 84450 Jonquerettes
Tél. 04 90 85 09 17
www.sophrologie-relationnelle.fr

L'Institut, créé en 1977, organise des journées « Portes ouvertes ». Il propose aussi une formation de praticien relationnel (10 séminaires de 2 jours) préparant à conduire des entretiens individuels.

Formation

Le cursus complet (hors praticien relationnel) totalise 418,5 heures sur 57 jours.

Il se compose du :

- Cycle fondamental (221,5 h soit 31 jours) ;
- Cycle supérieur (197 h soit 26 jours).

Des cycles d'initiation de 77,5 heures sont également proposés.

Tarifs

5 488 euros (13,11 euros/h).

■ The Sophrology Academy, Ashford (Grande-Bretagne)

The Panorama, Park Street – Ashford TN24 8DF
Tél. +44 7861 420 059
www.sophroacademy.co.uk

L'enseignement est dispensé en anglais et en français, avec la collaboration de l'école CEAS de Paris. Les cours ont lieu alternativement à Paris et à Ashford.

Formation

Sur deux ans, avec 400 heures de cours.

Tarifs

3 350 £ par an, soit 16,75 euros/h.

D'autres écoles existent qui peuvent préparer au RNCP sans le délivrer.

Société française de sophrologie (SFS)

www.sophrologie-francaise.com

La société référence plusieurs écoles en France mais elle a perdu son enregistrement au titre RNCP.

Vous reconnaîtrez le logo de la SFS comme label de validation.

■ École de Provence en sophrologie et communication

1882 rue des Sauniers – 13690 Graveson
(près d'Avignon ; sessions à Arles)
Tél. 06 59 06 06 14
www.ecoledeprovence-sophro.com

Le cadre semble agréable, restauration et hébergement sur place sont possibles.

Formation

Formation de sophrologue praticien en trois modules sur 24 mois, à raison d'un week-end mensuel, soit 414 heures, plus 30 heures de stage professionnel (formation de base : 248 heures ; formation supérieure : 166 heures).

Tarifs

À titre individuel :

- Module 1 : 1 723,60 euros à titre individuel et 2 095,60 euros si prise en charge.
- Module 2 : 1 723,60 euros à titre individuel et 2 095,60 euros si prise en charge.

- Module 3 : 2 307,40 euros à titre individuel et 2 805,40 euros si prise en charge.

  Total : à titre individuel : 5 754,60 euros (13,90 euros/h). Si prise en charge : 6 996,60 euros (16,90 euros/h).

École de sophrologie et de sophrothérapie existentielle (Institut de sophrologie existentielle Bordeaux-Aquitaine, ISEBA)

10 place Pey-Berland – 33000 Bordeaux
Tél. 05 56 48 03 40
www.iseba.fr

Les étudiants certifiés par l'Institut peuvent obtenir le certificat européen de psychothérapie (CEP) par voie directe car l'ISEBA est reconnu en France par la Fédération française de psychothérapie et de psychanalyse et en Europe par l'Association européenne de psychothérapie.

Supervision proposée. Bibliothèque à disposition des stagiaires au nombre de 15 maximum par groupe.

Formation

L'école propose une formation de sophrologue praticien mais aussi une formation de sophrothérapeute. Les sessions sont de 3 jours en semaine tous les deux mois, des formules le week-end sont également proposées sur un jour et demi par mois.

Cycle 1 : sophrologue praticien en 30 jours sur 2 ans, soit 240 heures de théorie et 176 heures d'entraînement avec rendu de mémoire. Ce cycle permet seulement de gérer des individuels ou des groupes pour le stress ou pour du développement personnel.

Cycle 2 : sophrologue praticien spécialisé (différents thèmes : sophrologie ludique, maternité, sport, entreprise...) sur 1 an avec 144 heures de pratique.

Cycle 3 : sophrothérapeute (ou psychopraticien) sur 2 ans (CEP). Permet d'obtenir le titre de psychopraticien. Requiert un rendu de mémoire et 100 heures de supervision ainsi que l'attestation d'une thérapie personnelle. Ce cycle comporte 264 heures de formation.

Tarifs

Cycle 1 sur 30 jours soit 240 heures de formation : 3 980 euros (16,58 euros/h)
Prise en charge : 4 500 euros (18,75 euros/h).

- École de sophrologie et de sophrothérapie d'Alsace (ESSA)

23 rue des Serruriers – 68000 Colmar
Tél. 03 89 41 81 32
www.alsace-sophrologie-formation.com

Groupes de 15 personnes maximum. Inscription sur lettre de motivation et entretien avec le responsable de l'organisme. Enseignants au nombre de 4.

Formation

Formule 3 jours, en semaine, tous les 2 mois, sur deux années ou formule un week-end mensuel, sur deux années.
Ensuite, formation de sophrologue spécialisé proposée sur une année, ainsi qu'une formation de psychopraticien-sophrologue.

Tarifs

3 980 euros (9,56 euros/h).

- Institut de psychothérapie et d'enseignement en sophrologie (IPEES)

8 rue de la Platière – 69001 Lyon
Tél. 04 78 29 54 67
www.sophrologie-formation-ipees.com

Il est demandé de suivre 10 séances chez un sophrologue extérieur.

Mise à disposition de matériel (livres, mémoires, moyens audiovisuels…)

Formation

300 heures de cours sur 40 jours en deux ans + 15 heures de stage + 10 séances à suivre en individuel chez un sophrologue. Deux formules : cours le week-end ou en semaine.

Outre le cycle fondamental, 3e année de spécialisation « La sophrologie appliquée au champ de la psychologie » proposée aux sophrologues certifiés.

Tarifs

3 500 euros en individuel (11,66 euros/h) sans le stage ; 3 700 euros si prise en charge (12,33 euros/h).

■ Institut de formation sophrologie et communication

104 rue de Vaugirard – 75006 Paris
Tél. 06 84 51 03 34
www.isophrocom.com

La formation se fait par petits groupes, l'Institut dit suivre les élèves de manière personnelle avec un accompagnement dans la pratique.

Formation

300 heures en 24 mois (18 sessions de 2 jours et une session de 4 jours, soit 40 journées de présentiel).

Tarifs

4 000 euros (13,33 euros/h).

■ Collège européen de naturopathie holistique (CENATHO)

221 rue La Fayette – 75010 Paris
Tél. 01 42 82 09 78
http ://cenatho.fr

Outre la sophrologie, Cenatho forme des praticiens en naturopathie et bien-être. D'autres méthodes sont intégrées à la sophrologie, comme des bases en thérapie comportementale et cognitive (TCC), pleine conscience ou sophrologie ludique.

Formation

Première formation intégrative en 2 ans.

Cursus complet en 19 modules de 2 jours le week-end, soit 38 jours de cours (304 h), plus des entraînements supervisés et un stage.

Tarifs

3 200 euros (10,52 euros/h).

■ Pôle Sophro

49 boulevard de la Chapelle – 75010 Paris
Tél. 01 44 91 80 15
www.pole-sophro.com

Association loi de 1901.

Spécificité énoncée par l'école : considérer la sophrologie comme une « psychothérapie d'expression corporelle et non pas seulement comme une technique pédagogique ou médicale ». Bien que proche de celle d'Alfonso Caycedo, la méthode intègre les aspirations humanistes d'Abraham Maslow ou de Carl Rogers.

Prérequis : niveau bac + 3, ou expérience personnelle/professionnelle équivalente, évaluée lors de l'entretien de candidature.

Formations spécifiques proposées après le cursus de base.

Formation

Première année : 2 modules de 9 et 7 jours, soit 15 jours de formation sur des week-ends.

Seconde année calquée sur le même principe.

Tarifs

Cycle de base : 2 350 euros en individuel ; 2 850 euros si prise en charge.

Cycle supérieur : 2 650 euros en individuel ; 3 350 euros si prise en charge.

Cycle complet : 5 000 euros en individuel ; 6 200 euros si prise en charge

■ Institut national d'enseignement de la sophrologie (INES)

117 avenue de Choisy – 75013 Paris
Tél. 06 59 92 75 28
www.devenirsophrologue.com

Professeurs expérimentés, titulaires d'un master « Spécialiste en sophrologie caycédienne ».

Supports de cours fournis, enregistrements possibles.

Formation

Premier cycle de 24 mois pour être sophrologue, avec options de formation le week-end ou en semaine pour un total de 300 heures, dont un stage de 12 heures.

Possibilité de compléter par un cycle supérieur.

Tarifs

3 985 euros TTC en individuel (12,98 euros/h) ; 4 650 euros HT si prise en charge (15,50 euros/h).

■ Institut de sophrologie de Paris (ISP)

65 rue du Moulin-Vert – 75014 Paris
Tél. 01 47 34 78 27
www.sophrologieformation-paris.com

L'Institut existe depuis trente ans. Il propose autant d'heures de pratique que de théorie (cours actualisés chaque année). Les formateurs sont censés avoir tous une bonne expérience du terrain.

Ateliers pratiques gratuits pour que les stagiaires testent la sophrologie. Spécialisations : sophrothérapie ; sophrologie sociale.

Formation

En 2 ans, avec stage de 15 heures minimum en fin de parcours, soit 302 heures : 144 par an plus 7 heures d'aide à l'installation et 7 pour la journée de soutenance.

Tarifs

1re année : 2 300 euros (15,23 euros/h) ; 2de année : 2 300 euros (15,23 euros/h). Total : 4 600 euros (15,23 euros/h).

■ Centre Évolution Formation

23 rue de la Poterie – 77130 Montereau-Fault-Yonne
Tél. 01 64 24 64 28
http ://evolutionsophroformation.com

Formation existant depuis 1999. Là encore, le Centre insiste sur l'expérience des intervenants, également praticiens en sophrologie. Formation jugée de qualité par VeriSelect Formation Professionnelle.

Cours par groupes de 14 personnes maximum.

Supervision pédagogique des stagiaires durant le cursus. Échanges sur différentes conférences, activités, émissions via plusieurs blogs.

Formation

Cycle fondamental : 192 heures sur un an, avec modules de 4 jours tous les 2 mois et demi + 5 heures de supervision pédagogique collective.

Sophrologue praticien, cycle 2 : 92 heures sur un an selon la même formule de 4 jours + 20 heures de stage d'application pratique individuel/groupe + supervision pédagogique individualisée.

Tarifs

Cycle 1 : 2 500 euros (13,02 euros/h) ; cycle 2 : 1 650 euros (14,73 euros/h) sans la supervision.

■ Institut Cassiopée Formation

6 avenue de la Faisanderie – 78400 Chatou
Tél. 01 74 08 65 94
www.cassiopee-formation.com

Pour obtenir le certificat de fin d'année (hors RNCP) un contrôle continu et une évaluation en fin de cycle sont exigés ainsi que la réalisation d'un livre d'or avec 50 témoignages de personnes ayant bénéficié d'une séance de sophrologie.

Formation

Ce cycle est composé de 5 stages de 3 jours, 5 jours de stage de fin d'année et 8 modules théoriques soit 140 heures.

Deux cycles de 1 an chacun.

Tarifs

3 780 euros (27 euros/h)

■ École de sophrologie Michèle-Freud Formations

157 avenue des Campotels – 83700 Saint-Raphaël
Tél. 04 94 40 44 71
www.michelefreud.com

Existe depuis plus de vingt ans. La priorité lors de l'inscription est donnée aux professionnels de la santé et des ressources humaines. Prérequis : niveau bac. Supports de cours actualisés chaque année et remis aux stagiaires. Groupes de 15 à 25 personnes. Le cadre paraît agréable. Tous les intervenants exercent comme sophrologues à l'extérieur.

Formation

Évaluation continue, plus contrôle des connaissances en fin d'année.

La formation dure 2 ans : 20 jours la 1re année, soit 140 h de formation ; 23 jours la 2de année, soit 161 heures de formation. À quoi s'ajoutent 15 heures de stage.

Tarifs

Totalité de la formation (sans les stages) : 5 400 euros en individuel (17,94 euros/h) ; 6 600 euros si prise en charge (21,92 euros/h).

■ ESSA Formation Vincennes

16 rue Charles-Pathé – 94300 Vincennes
Tél. 01 60 33 01 42
www.essasophro.com

Remise aux stagiaires d'un support de formation complet (programme + accès à un site de téléchargement d'exercices). Organisation d'ateliers (pratique, animation, applications) dans le centre de formation.

Formation

Cycle fondamental de sophrologue praticien sur 20 mois (42 jours de formation ou 306 heures) : niveau préparatoire et niveau praticien.

Cycle supérieur de « Spécialiste en sophrologie phénoménologique ».

Tarifs

Niveau préparatoire : 2 200 euros. Niveau praticien : 1 650 euros. Coût total : 3 850 euros (12,60 euros/h).

■ ISTHME Formations

3 ruelle du Four – 95650 Montgeroult
Tél. 01 34 42 14 41
www.isthme-formations.com

Formation sur trois ans.

Formation

Cycle essentiel : 19 modules de 2 jours les 2 premières années soit 304 heures de formation.

Cycle d'approfondissement (3e année) : 6 modules de 3 jours, plus un module de synthèse finale de 2 jours.

Tarifs

Cycle essentiel : 2 240 euros en individuel (7,36 euros/h) et 3 000 euros si prise en charge (9,8 euros/h).

D'autres écoles

- 17 - École de sophrologie de La Rochelle (ESLR).
- 30 - École de sophrologie du Languedoc (ESL).
- 33 - Institut européen de sophrologie humaniste de Bordeaux (IESH).
- 33 - SODYformation - École française de sophrologie dynamique®.
- 38 - Institut de formation des sophrologues professionnels (IFSP).
- 67 - École alsacienne de sophrologie.
- 75 - Centre d'études appliquées à la sophrologie (CEAS).
- 75 - Institut français de sophrologie et du métier de sophrologue (IFSMS).
- 83 - École de sophrologie vivantielle de Provence.

- 83 - Institut européen de sophro-analyse.
- 91 - Équilibre Santé.
- 92 - Fédération des écoles professionnelles en sophrologie (FEPS).
- 94 - École des hautes études de sophrologie et bio-analyse (EDHES).

Chaque jour, des écoles de sophrologie – il en existe environ 200 en France – ouvrent et ferment leurs portes. Je n'ai mentionné que les établissements validés et dont la réputation n'est plus à faire, mais cette liste n'est pas exhaustive.

Par ailleurs d'autres formations proposent, outre le cursus initial, des spécialisations très intéressantes, comme la sophrologie ludique® créée par Claudia Sanchez et Ricardo Lopez en 1985 (sessions de trois jours à Paris, Aix-en-Provence ou en Suisse). Le but de ces formations est de vous aider à animer des séances individuelles ou en groupe avec enthousiasme et créativité. D'autres thèmes sont abordés comme « Le son, les fréquences et la dynamique du pardon », la sophrologie transgénérationnelle ou sociale... Consultez le site :
www.sophrologieludique.com.

Voyez également les formations de Nathalie Vallet à Lyon ou Strasbourg : thèmes variés sur la qualité de vie au travail, la périnatalité ou la gestion des peurs et des angoisses.

Clémence Peix-Lavallée, sophrologue et auteur de plusieurs ouvrages, spécialiste du sommeil, propose aussi sur son site (https ://bienrelax.com) des formations en ligne sur les thèmes du sommeil, des acouphènes ou de l'entreprise.

De mon côté, j'organise des formations en hypnose pour sophrologues, qui permettent d'apprendre l'hypnose sans réapprendre tout ce qu'un sophrologue sait déjà sur la posture thérapeutique, l'induction ou le *terpnos logos* par exemple. Étant également formée au pranayama, je propose des formations sur la respiration thérapeutique, qui me semble la clé de toute pratique. Il est important de ne jamais cesser de se former car l'acquis initial n'est qu'un tremplin.

Pour déterminer votre choix : outre l'aspect pratique (localisation géographique), n'oubliez pas d'examiner les sites Internet, de lire les plaquettes, de comparer les nombres d'heures et les tarifs, de vérifier la réputation de l'école, des formateurs, les affiliations. La philosophie de l'établissement vous plaît-elle ? Le contenu vous semble-t-il rigoureux ? Quid des évaluations ? L'école propose-t-elle un annuaire ? Respecte-t-elle les règles de déontologie ? Propose-t-elle un suivi après la formation ?

Et maintenant... Laissez agir votre intuition.

Chapitre 5

Ma vie rêvée de sophrologue

Objectif
Savoir concrètement à quoi s'attendre au quotidien en pratiquant ce métier de thérapeute. En connaître les règles, les écueils mais aussi les avantages.

> *Quoi que tu rêves d'entreprendre, commence-le. L'audace a du génie, du pouvoir, de la magie.*
> Goethe

La vie rêvée du **sophrologue**

J'adore ce métier pour une multitude de raisons mais je n'imaginais pas à quel point il me permettrait de réaliser mon rêve : travailler sans jamais me lasser, en explorant des domaines différents, en pratiquant des activités variées et en rencontrant chaque jour de nouvelles personnes.

Avec le recul, je me dis que j'ai eu une chance inouïe car exercer comme sophrologue correspond exactement à mon tempérament, réfractaire à la routine et aux contraintes hiérarchiques. Tout l'opposé de mon amie Éléonore, sophrologue comblée elle aussi : salariée pendant vingt ans dans la même boîte avant de se lancer dans ce métier, attachée à la routine, elle aime se rendre chaque matin à son cabinet, y passer la journée et repartir tranquillement le soir chercher ses enfants à l'école. Rien de commun non plus, sinon la satisfaction, avec notre collègue David, entrepreneur dans l'âme, qui se lance des défis permanents, se plaît à prendre des risques, à organiser des conférences à travers le monde et à faire parler de lui sur les réseaux sociaux. Que dire encore de la très discrète Magali, sophrologue rencontrée en EHPAD et qui privilégie depuis toujours le contact humain ? L'argent ne l'intéresse pas, elle aime à travailler en équipe et se sentir utile.

Vous l'aurez compris, ce métier convient à nombre d'entre nous, avec nos personnalités variées, puisqu'il se décline de tant de façons qu'il n'existe pas une mais d'innombrables pratiques de la sophrologie.

Les multiples possibilités du métier

Voici quelques exemples de la manière d'exercer qui vous donneront, je l'espère, des idées pour élaborer la vôtre.

Comment ont lieu les séances ?

Les séances peuvent se dérouler :

En face à face avec un client		En groupe (de 2 à 13 personnes environ), le plus souvent en présentiel	
En présentiel	De manière virtuelle, via Skype* par exemple.	Groupe ouvert : à chaque fois, de nouveaux participants peuvent se présenter. À vous de déterminer une intention de séance appropriée.	Groupe fermé : toujours les mêmes personnes, réunies pour atteindre un objectif précis, déterminé à l'avance avec le groupe ou avec le prestataire.

* Séances par Skype : je ne suis pas très favorable à cette formule mais elle existe. Elle est intéressante, à mon avis de manière exceptionnelle, pour une personne qui ne peut pas se déplacer ou pour quelqu'un que vous connaissez déjà. À vous de tester si cela vous convient.

Où se déroulent les séances ?

Chez vous		À l'extérieur		
Une pièce calme, sans passage et donnant accès à des toilettes	Via Skype	En cabinet (location à l'heure, à la journée, au mois)	Chez un client (vérifier que l'espace est adapté et le calme garanti)	Dans une structure : entreprise*, service public, école, université, maternité, hôpital, maison de retraite, association, club de sport, centre de bien-être, de thalasso, prison… Aux beaux jours, pourquoi ne pas pratiquer également en extérieur, dans un parc, sur une plage…

* Attention : si vous intervenez en entreprise, assurez-vous au préalable de la qualité de la salle (température en arrivant, surtout l'hiver ; tapis de sol ou chaises à disposition ; absence de passage et de bruits parasites).

Dans tous les cas, vous pouvez pratiquer en tête à tête ou en groupe. Dans une entreprise par exemple, vous aurez la possibilité d'intervenir en groupe mais aussi dans des bureaux, en particulier.

Pour qui ?

Vous pouvez intervenir à la fois pour les clients ou patients et leurs familles (dans les hôpitaux, les maternités, les associations) mais également pour le personnel soumis au stress (gardiens de prison, infirmiers, médecins, avocats).

Interventions possibles

N'hésitez pas à intervenir dans des conférences (notamment lors d'événements comme des salons – Zen, entrepreneurs, bien-être et médecines douces). Consultez la liste de tous les salons centrés sur le bien-être en France via le site : www.salons-bien-etre.fr/annuaire-salons-bien-etre-gratuit

Vous pouvez aussi organiser des formations, des ateliers ou des stages consacrés à différents thèmes ; diffuser des enregistrements ou des vidéos en ligne ; rédiger des articles sur des blogs ou des magazines… Les vidéos peuvent être intéressantes mais elles ne contribueront jamais à remplacer un accompagnement.

La vie réelle du sophrologue

Voici à présent un aperçu plus concret de ce que vous apprendrez à faire et devrez être capable de proposer à vos clients en exerçant ce métier. Vous trouverez également quelques conseils qui pourraient s'avérer rapidement utiles sur la manière de vous organiser efficacement.

La première séance

Il faut distinguer la première séance, que l'on appelle anamnèse (c'est-à-dire la première rencontre, consacrée à la prise d'informations et à la définition de l'objectif du client), et les autres séances d'accompagnement.

Qu'on travaille en individuel ou en groupe fermé, le principe est le même. À cette différence près que, en groupe, l'objectif n'est pas forcément fixé par les clients mais par un commanditaire extérieur ou par vous-même.

L'anamnèse

Pour mener une anamnèse, il vous faudra un stylo, des feuilles de papier et... un sourire avenant pour accueillir les propos de votre client. Idéalement, placez-vous à une distance raisonnable, face à la personne, et adoptez une posture stable (évitez de croiser les bras ou les jambes, afin de ne pas fermer le dialogue). Une posture stable est importante, à la fois pour garder un bon équilibre mais aussi pour ne pas montrer une éventuelle déstabilisation.

La bonne distance respecte la bulle proxémique de la personne, c'est-à-dire son espace vital. Pas trop loin non plus pour ne pas l'intimider. Entre 1,20 m et 1,50 m semble idéal.

Par ailleurs, pour ne pas établir de distance importune, évitez la présence d'obstacles comme un majestueux bureau entre vous ou un ordinateur. Dans mon cabinet, j'ai installé une petite table basse (qui me sert à poser mes affaires et au client à faire son chèque en fin de séance), avec un bouquet de fleurs. Les fleurs sont neutres, elles sont là pour apaiser et apporter une touche agréable, idéalement elles ne doivent pas sentir fort pour ne pas interférer dans les ressentis olfactifs du client. Dans le chapitre suivant, je vous indiquerai plus précisément comment organiser votre cabinet et le meubler de manière optimale, sans trop dépenser.

MA FAÇON **DE FAIRE**

Je sépare la feuille en deux colonnes et, à droite, je note les mots, les expressions, les images qui reviennent souvent dans le vocabulaire de la personne ; je les entoure lorsqu'ils me semblent importants.
C'est une méthode que j'ai développée pour les séances d'hypnose mais qui me sert également en sophrologie.

Vous apprendrez, en fonction de l'école de formation que vous choisirez, à mener une anamnèse de manière très précise. Ce premier entretien, qui dure environ une heure, me semble essentiel pour définir l'objectif de votre client et identifier les ressources que vous pourrez utiliser lors de vos préparations de séance, à la fois pour animer les exercices de respiration diaphragmatique (RD) et les visualisations.

MON CONSEIL **AUX DÉBUTANTS**

Certains sophrologues préparent leurs questions très à l'avance, afin de ne rien oublier. Nous nous étions moqués gentiment de l'une de nos collègues qui, en début de carrière, avait bien pensé à poser toutes les questions mais omis de demander à la personne quel était... son objectif !

Certaines écoles, pourtant réputées sérieuses, ne préparent pas bien à la prise d'information et à la détermination d'objectif. J'ai en effet eu des stagiaires, dans mes formations en hypnose pour sophrologues, qui étaient incapables de mener ce type d'entretien, de savoir quelles questions poser ou comment les poser pour définir un objectif. C'est dommage car cette séance est indispensable pour créer un lien de confiance et fixer le cadre précis de l'accompagnement.

Sans entrer dans les détails, que vous apprendrez en formation, j'indique brièvement les points clés de cet entretien.

Exemple de fiche de renseignements pour un particulier :

Date Comment la personne vous a-t-elle connu ?	
Nom Prénom Adresse Mail Tél.	
Objet de sa visite ?	
Le contexte (état de santé, traitement médical, existence ou non de douleurs, suivi par un autre thérapeute).	
Son mode de vie : qualité du sommeil, régime alimentaire, pratique d'activités (sports, loisirs), temps de repos/de décompression, etc.	
Son entourage : qualité du travail et des relations professionnelles ; vie personnelle (personne seule ou en couple, avec ou sans enfants, impact positif ou négatif du statut marital).	
Ce qui la ressource (lecture, marche en ville, en bord de mer, etc.), avec le plus de détails possible sur ce que cela lui procure.	
Ce qui la rassure ou l'apaise (un objet, un livre, un lieu).	

Déterminez son objectif précisément afin qu'il soit énoncé en une phrase simple de manière positive, qu'il soit réaliste et avec une durée ou une date précises. Assurez-vous toujours que l'objectif ne va pas nuire à la personne, un objectif doit être « écologique » (par exemple, perdre des kilos si une personne est déjà trop maigre, cela n'est pas écologique). Par exemple : « Je souhaite parvenir à animer une réunion calmement d'ici à trois mois » ; ou : « Je souhaite m'endormir facilement le soir d'ici à fin décembre ».	
Les ressources de la personne par rapport à cet objectif : a-t-elle déjà été capable de s'endormir facilement ?	

COMMENT VA-T-ELLE SAVOIR QUE **SON OBJECTIF EST ATTEINT** ?

Grâce à des indices physiques, ou à des changements émotionnels, à des pensées, à ce qui changera concrètement dans sa vie une fois l'objectif atteint. Même si elle semble anodine, cette question est importante afin que la personne mesure objectivement ses progrès. Par exemple, quelqu'un qui souhaite arrêter de fumer pourra dire : « Je serai capable de passer devant un tabac sans avoir envie d'entrer, je me sentirai calme même avec un café en terrasse, ma respiration sera plus fluide. »

Vous veillerez à ce que l'objectif soit court et énoncé de manière positive (non pas « Je ne souhaite plus être en colère » mais « Je souhaite me sentir calme »).

Une fois ces renseignements recueillis, il vous faudra :

- Expliquer ce qu'est la sophrologie : adaptez soigneusement votre définition à la problématique de la personne et à son âge (un peu de bon sens : inutile de lui dire que la sophrologie va améliorer son sommeil si elle dort bien, ou d'asséner à un enfant qu'il s'agit d'une méthode psychocorporelle).

- Expliquer les différents types d'exercices et leur intérêt (une personne stressée, par exemple, pourra apprendre à se détendre grâce à des exercices de respiration).
- Énoncer clairement les modalités de fonctionnement des séances :
  - durée, tarif, fréquence ;
  - règles à respecter : ponctualité, bienveillance, confidentialité, accomplissement des entraînements demandés ;
  - annulation : insistez bien pour que la personne vous avertisse au moins 24 heures à l'avance..

Un des cauchemars du thérapeute : le « lapin » !

Attendre en vain un client qui ne prévient même pas de son absence, parfois payer un cabinet à l'heure pour rien, c'est terriblement agaçant.
Comment éviter de vous faire poser un lapin? Exigez dès la première séance d'être prévenu au minimum 24 heures à l'avance et précisez que vous bloquez une heure de votre temps, que vous facturerez en cas d'annulation tardive (avouons que c'est illégal mais dissuasif). Vous serez quand même confronté à des annulations mais vous limiterez les dégâts. L'idéal est d'envoyer des rappels par SMS ou par e-mail (ou les deux). Certains annuaires payants proposent d'ailleurs ce service, que je trouve très efficace.

- Animer une séance brève pour montrer à la personne de quels types d'exercices il s'agit.

CONSEILS POUR **SE FAIRE CONNAÎTRE**

Je vous conseille toujours de demander à la personne comment elle vous a connu – ce qui permet de savoir, par exemple, si le coût investi dans les moteurs de recherche est utile, ou si vous devez remercier un médecin qui vous envoie régulièrement des patients.

Pendant ce temps, vous apprendrez à adopter la posture du sophrologue, la bonne distance, la manière particulière de poser des questions et de reformuler ce que l'interlocuteur vient de dire.

Plus la personne se sentira écoutée, plus le lien thérapeutique sera fort. Cette écoute active et bienveillante l'incitera à préciser ou à enrichir les réponses données.

Vous apprendrez lors de vos formations à animer un entretien d'anamnèse pour différents publics, dans différentes institutions.

Que faire entre deux séances ?

Préparer le prochain rendez-vous

Certaines écoles préconisent de préparer les séances bien à l'avance, voire d'établir un protocole précis, qui décrit l'intégralité des sessions et des exercices que vous animerez du début à la fin.

Certains sophrologues préfèrent adapter les exercices à l'entretien du jour et à l'état, l'humeur de la personne. En ce qui me concerne, je fais un peu les deux. Je prépare à l'avance un programme avec une trame, un fil conducteur que j'adapte si besoin est.

TROUVER **LA BONNE MÉTHODE**

Le danger, au début, est de passer trop de temps à écrire les scripts et à les lire mot à mot. Je vous conseille de trouver rapidement une méthode qui vous permet d'identifier les mots-clés pertinents et d'animer une séance de bout en bout, sans avoir à lire vos notes.

Organiser ses dossiers

Un classeur au début, puis un trieur classé par ordre alphabétique vous permettront de retrouver facilement les fiches de vos clients. Vous pouvez aussi créer une base de données permettant de gérer sans peine le fichier clients.

Le mieux est de ranger chaque dossier dans une pochette en carton, en spécifiant le nom de la personne et les dates de séance.

Certaines personnes reviennent au bout de plusieurs années, il est bon de garder leur dossier pour établir leur historique.

VEILLER À LA **CONFIDENTIALITÉ**

Évitez les dossiers transparents, afin de préserver le secret de chaque dossier ; ou bien n'en sortez qu'un à la fois, et rangé dans des pochettes carton.

Vous faire connaître

Au début de votre pratique, une bonne moitié de votre temps sera consacrée à communiquer : sur vous-même, vos prestations, vos tarifs et, le cas échéant, sur votre réseau. Le chapitre 7 vous aidera dans cette démarche mais sachez d'emblée que cette activité fait partie intégrante du métier.

Par la suite, vous continuerez de diffuser des informations, de participer à des forums, de créer des événements, de faire vivre votre site Internet en l'actualisant.

Continuer de vous former

La formation ne s'arrête jamais : si vous souhaitez rester performant, continuez de lire, d'écouter, de suivre des stages, de rencontrer d'autres sophrologues, d'échanger... Cette exigence demande également du temps et, souvent, un investissement financier.

Ce que les écoles n'enseignent pas toujours

Refuser des clients : petit récapitulatif

Au début surtout, vous aurez peut-être envie d'accepter tout le monde, sans restriction. Or ce n'est pas une bonne idée.

- Évitez les proches (amis, famille). Pourquoi ? Parce que le lien thérapeutique ne pourra pas librement s'établir entre vous. Du coup, les séances n'auront pas l'impact souhaité et vous risquez de perdre confiance dans vos capacités de thérapeute et votre crédibilité vis-à-vis d'autrui.
- Refusez les personnes dont l'objectif vous dérange :
  - soit parce que cet objectif est susceptible de créer chez vous une résonance trop forte (ex. : la personne vient de perdre son père et vous le vôtre). Vous risquez d'avoir du mal à contrôler votre empathie et à mener un suivi objectif. Je vous recommande vivement de diriger la personne vers un collègue ;
  - soit parce que l'objectif vous perturbe tout simplement ou que vous ne vous sentez pas légitime pour l'aider.

COMMENT **REDIRIGER UNE PERSONNE** ?

Vous pouvez lui fournir les références d'annuaires de sophrologues ou lui communiquer trois noms différents, parmi lesquels elle choisira. Vous n'avez pas à expliquer les raisons de votre refus. Si vous tenez à vous justifier, indiquez soit que vous êtes complet, soit que ce n'est pas votre spécialité.

Prévoir des pauses

Entre deux clients, je vous conseille de prendre 15 minutes de pause. À la fois pour noter ce qui vient de se passer durant la séance mais également pour vous ressourcer. Enchaîner les rendez-vous n'est pas une bonne idée car l'écoute et la qualité de présence risquent d'en pâtir. Un temps de pause pour souffler, éventuellement faire quelques exercices, est le meilleur moyen de vous préserver et d'animer des séances de qualité.

Garder son énergie

Vous l'avez sans doute remarqué dans la vie quotidienne, certaines personnes sont des « vampires » d'énergie et captent, parfois involontairement, celle des autres à leur profit. Par ailleurs, les clients arrivent parfois avec des « valises » très chargées. Diverses techniques existent pour se préserver. Il ne s'agit pas là de sophrologie mais de méthodes que m'ont conseillées des énergéticiens pour retenir une force qui me semblait tellement aspirée par certains clients que je ressentais un vide, presque un malaise physique. Elles ne sont ni scientifiques ni prouvées, n'en retenez que ce qui vous intéresse :

- Lavez-vous les mains après le départ du client et aérez la pièce.
- Visualisez un cercle autour de vous qui vous protège pendant l'entretien.

La vie moins rêvée du **sophrologue**

Je n'oublie pas la comptabilité

Tenir une comptabilité se révèle plus ou moins simple mais vous devez au minimum enregistrer les paramètres suivants, quel que soit votre statut, afin de justifier vos comptes en cas de contrôle :

Vos recettes

Éditez une facture pour chaque client, en veillant à ce que les numéros de facture se suivent. Vous pouvez le faire sur Word, Excel ou, plus tard, avec des logiciels de comptabilité comme Zervent qui est gratuit et simple d'utilisation, ou MyAE qui propose un logiciel en ligne gratuit. Vous pourrez éditer facilement des factures, gérer votre comptabilité et éditer des fichiers clients.

Papier ou numérique, chaque facture contiendra les informations suivantes :

- vos coordonnées (nom, adresse, profession) et celles du client ;
- la date d'édition ;
- le numéro de facture ;
- la description de la prestation (ex. : séance individuelle de sophrologie) ;
- le montant TTC ou HT.

Éditez un livre de recettes qui indiquera chaque mois :

- le montant de vos recettes ;
- les numéros des factures ;
- les dates des prestations ;
- leurs caractéristiques (séance individuelle de sophrologie / séance de groupe…) ;
- le type d'encaissement (chèque, espèces, CB, PayPal…).

Vos dépenses

Même si vous ne pouvez pas vous faire rembourser les notes de frais en tant que microentreprise, il est important d'avoir une bonne visibilité de vos dépenses, régulières ou ponctuelles. Il s'agit bien sûr des dépenses liées à votre activité de sophrologue.

Gardez les factures, même sous forme numérique, afin de pouvoir les produire en cas de contrôle. Les documents d'une manière générale doivent être conservés plusieurs années. Cela est variable en fonction du type de document : les statuts de création de société doivent être conservés cinq ans après la radiation au registre du commerce et des sociétés (RCS), tous les comptes annuels, dix ans à partir de la clôture de l'exercice tout comme les livres, registres comptables et factures.

Établissez un journal des dépenses qui indiquera :

- achats (meubles, ordinateur, logiciels…) ;
- paiements (loyer, électricité, téléphone, communication…).

POUR UNE BONNE **TENUE DES COMPTES**

Je vous conseille d'effectuer ce travail au moins une fois par mois, afin d'avoir une vision précise et régulière de votre activité comme de vos comptes.

Je ne néglige pas les démarches administratives

- Déclarez : même si c'est le côté ingrat du métier, surtout si vous aviez l'habitude d'être salarié, n'oubliez pas de remplir et d'envoyer à temps vos déclarations de revenus, aujourd'hui presque tout se fait en ligne. Pas seulement aux services fiscaux mais aussi à tous les organismes sociaux dont vous dépendez, en fonction de votre statut.
- Prévoyez : mettez de l'argent de côté pour les charges. Vous pouvez décider de les payer chaque mois ou chaque trimestre mais, même si vous n'avez aucun CA en tant que microentrepreneur, vous devez envoyer une déclaration. Si votre compte n'est pas approvisionné, vous paierez d'inutiles pénalités de retard.
- Payez : là encore, le rythme de règlement des charges variera en fonction de votre statut, de votre situation et de vos choix d'échéance.

Je n'oublie pas de me faire accompagner

Nous l'avons évoqué plusieurs fois, une supervision est essentielle. Qu'elle s'accomplisse avec un autre sophrologue compétent et confirmé, seul ou en groupe, ou avec un psychologue, psychothérapeute, le fait de pouvoir échanger sur votre pratique, parfois sur des cas difficiles, et de vous faire épauler sera d'un grand secours. Cet accompagnement me semble indispensable et devrait être obligatoire.

Vous n'êtes pas sauveur à tout prix. Le fait d'exprimer vos doutes permettra également de poser vos limites : vous guidez votre client mais c'est lui qui fait le travail. Vous n'êtes responsable ni de sa réussite ni de son échec. Si vous avez œuvré de votre mieux mais que la personne ne parvient pas à atteindre son objectif, s'il y a des résistances, des blocages, ce n'est peut-être simplement pas le moment pour elle : peut-être reviendra-t-elle plus tard ?

En revanche, si plusieurs clients ne reviennent pas après quelques séances, parlez-en à votre superviseur : il existe probablement d'autres manières d'aborder les entretiens afin de créer un meilleur lien thérapeutique.

Au moindre doute, n'hésitez pas à envoyer votre client consulter un médecin généraliste ou un psy. Il est important de ne pas prendre en charge une personne dépressive sans un diagnostic établi par un professionnel de santé. De même, si vous avez un doute sur son état mental (bipolarité, schizophrénie, trouble du comportement qui semble dépasser vos compétences), envoyez-la consulter avant de la prendre en charge.

Vous l'avez compris, ce métier est riche de possibilités et de perspectives. Comme tout métier, il comporte évidemment des contraintes : à vous de juger si vous en retirerez plus d'avantages que d'inconvénients et de l'exercer en conséquence.

Partie 3

Je m'installe en tant que sophrologue

Chapitre 6

Voilà, j'y vais !

> « *Il faut toujours viser la lune, car même en cas d'échec, on atterrit dans les étoiles.* »
> Oscar Wilde

✓ Objectif

Les choix et les démarches à accomplir pour s'installer dans les meilleures conditions.

Quand faut **y aller…** !

Une fois terminée la formation, le risque est de se former à l'infini, sans jamais se lancer dans la pratique. J'ai vu pas mal de collègues et de stagiaires dans ce cas… Puisqu'il faudra bien faire un jour le grand plongeon, je vous conseille de ne pas trop différer. Les erreurs, inévitables, font partie de l'expérience. Attendre d'être un parfait thérapeute, d'avoir parfaitement confiance en soi, de connaître parfaitement la sophrologie est une illusion. Même après des années d'expérience, nul ne peut réunir ces trois conditions et, en ce qui me concerne, je continue de douter, de me former, de prendre conseil auprès d'autres thérapeutes. La seule chose qui compte et dont vous n'aurez jamais à rougir consiste à faire de votre mieux, de tout votre cœur.

La première séance avec mon « demi-client », comme je l'appelais (il n'avait payé qu'un demi-tarif), fut un véritable cauchemar. La séance avait lieu chez moi et, pendant tout ce temps, le gardien de l'immeuble passa consciencieusement l'aspirateur dans l'escalier, heurtant ma porte à grands coups tandis que je m'évertuais à garder une voix calme, comme si de rien n'était… Nous avons bien ri *après la séance* !

La deuxième fois, je recevais une jeune femme musicienne qui appréhendait son prochain concert. N'ayant pas encore d'endroit où l'installer, j'avais placé un tapis à terre, en oubliant de fermer la porte. Tandis qu'elle était en train de se détendre, mon chat est arrivé, s'est couché sur son ventre et a entamé un joyeux ronron.

La troisième fois, j'ai bien failli abandonner : alors que je croyais avoir tout prévu (le gardien avait fait le ménage la veille, mon chat était enfermé), un camion vint décharger les conteneurs de verre de toute la rue, créant un vacarme infernal pendant de longues minutes qui me semblèrent des heures.

Depuis, j'ai appris à travailler avec, en utilisant les bruits d'aspirateur ou de chasse d'eau pour « évacuer les pensées parasites », par exemple. Chaque bruit importun reconduit la personne à l'état d'éveil mais cela lui permet de descendre encore plus profondément en état de conscience modifiée. C'est un phénomène de fractionnement, bien connu en hypnose. Même si les perturbations continuent de m'agacer, je n'en fais plus toute une histoire, d'autant que je travaille dans un cabinet accueillant un dentiste une après-midi par semaine : eh bien, avec le bruit strident de la roulette (on peut difficilement imaginer pire), je parviens maintenant à détendre les gens !

Le jour où j'ai décidé de m'installer « pour de vrai », dans un cabinet, a été un moment crucial, marquant un tournant dans mon activité. J'aimerais vous faire part de mon expérience, des questions à vous poser afin de prendre la décision la plus juste, tout en vous évitant quelques-unes de mes erreurs.

Certaines écoles proposent de préparer un business plan lors de la formation afin d'y voir plus clair. Vous pouvez également vous faire accompagner par une Boutique de Gestion Espace (BGE), membre d'un réseau national d'appui à la création et à la reprise d'entreprise. On dénombre 466 BGE en France, vous en trouverez forcément une près de chez vous. La BGE est là pour aider à faire les bons choix et vous accompagner lors de ce parcours, en vous formant ou en vous conseillant sur le business plan. Car même si s'installer en tant que sophrologue peut s'effectuer à moindre coût, il faut prévoir une trésorerie et anticiper les mois, voire les années à venir.

Avant de m'installer **pour de bon** (ou même avant de suivre une formation)

Je fais une étude de marché

Définition courante : l'étude de marché est un processus qui consiste à étudier (analyser) son marché. Le marché d'une entreprise correspondant à son environnement : ses clients, ses concurrents, ses fournisseurs, la réglementation... Dans le cadre d'un projet de création (ou de reprise) d'entreprise, l'étude de marché va donc servir à mieux connaître l'environnement de la future entreprise et son secteur d'activité.

Je ne sais pas vous mais moi, quand je lis ça, j'ai juste envie d'aller me recoucher ! Je vais donc tenter de vous persuader que oui, quoi qu'on dise, il est important de faire cette étude.

Pourquoi ? Parce qu'il y a souvent un profond décalage entre votre rêve et... la réalité.

L'étude de marché dérange parce qu'elle oblige à se poser des questions dont on pense connaître déjà les réponses et, surtout, parce qu'on n'a pas envie d'en chercher d'autres.

Je questionne quelques thérapeutes déjà installés

Vous avez dit bienveillance ?

« Allô, oui, bonjour Anne, c'est Déborah, tu te souviens ? On avait dîné ensemble il y a quatre ans chez Emma, tu m'avais dit que tu voulais être sophrologue, à cette époque j'étais directrice artistique chez Mediapart, tu te rappelles ?

— Mais bien sûr que je me rappelle, tu m'avais dit "Ahahaha ! Sophrologue ? Tu vas souffrir." Bien sûr, je me rappelle, et ?

— Heu, non, je ne pense pas avoir dit un truc pareil ou bien j'avais bu, enfin c'était idiot de ma part si j'ai dit ça... Et, bref, j'aimerais bien faire comme toi.

— Tu n'as pas non plus dit à Emma que j'étais complètement cinglée à mon âge de changer de métier ? Quel âge as-tu maintenant ? Depuis quatre ans, voyons... Laisse-moi calculer...

— Mais je n'ai jamais dit ça, enfin ! Emma raconte n'importe quoi parfois, tu sais.

— Je vais t'apprendre un truc, Déborah, contrairement à ce que tu entendras pendant ta formation : un sophrologue n'est pas toujours bienveillant. On te dira que oui, mais tu vas tout de suite comprendre que ce n'est pas le cas.

— Je te demande juste un conseil. Mais... Allô ? Allô ? Ça alors ! Je rêve ! Elle a raccroché ! La sale peste ! »

Plusieurs amis sophrologues vont sourire en lisant ces lignes car nous sommes nombreux à avoir vécu une mésaventure de ce genre : ayant évoqué notre projet de reconversion lors d'une soirée, nous avons subi les commentaires sarcastiques ou apitoyés de convives qui, quelque temps après, entament comme par hasard une formation de sophrologue.

MISE EN GARDE

Pour votre enquête, ne vous limitez pas aux sophrologues, il est souvent difficile de questionner des praticiens dont vous êtes aussi le concurrent potentiel.

Personnellement je n'en connaissais aucun, sauf la thérapeute avec qui j'avais suivi des séances – mais je n'ai jamais osé lui dire que je souhaitais faire le même métier qu'elle. Aujourd'hui, c'est devenu chose courante. De plus en plus de clients m'apprennent, au milieu d'un accompagnement, leur envie de changer d'orientation et, pourquoi pas, de devenir sophrologue. D'autres encore, dès la première séance, m'annoncent leur intention et ne viennent manifestement que pour tester le métier. Ce phénomène m'a donné l'idée d'organiser des ateliers dans lesquels j'aborde les facettes/difficultés du métier, donne des conseils, avec également la possibilité de pratiquer des exercices de sophrologie et de tester une séance, que j'anime.

POUR ALLER PLUS LOIN

Interroger des praticiens exerçant dans des domaines similaires vous fournira aussi des informations précieuses, des expériences de terrain, des astuces que l'on ne trouve en général pas dans les manuels.

Vous pouvez également procéder par téléphone ou envoyer vos demandes par e-mail, certains professionnels prendront le temps de vous répondre.

Exemples de questions auxquelles vous souhaitez obtenir une réponse :

- Quel est le tarif de location du cabinet ?
- Quel type de clientèle avez-vous ?
- Quels sont les concurrents ?
- Comment vous êtes-vous fait connaître ?
- Quelle est la courbe de progression de votre activité ?
- Quels moyens de communication avez-vous privilégiés ? Ont-ils été efficaces ?
- Quels obstacles avez-vous rencontrés ?

Je prospecte la concurrence directe

La concurrence directe ? Ces sophrologues, les chanceux, déjà installés à côté de vous. Il est important de connaître le nombre et les tarifs des praticiens en sophrologie autour du lieu où vous souhaitez exercer.

Comment prospecter ? Rien de plus simple, il suffit de surfer sur les Pages jaunes, les annuaires de sophrologues, d'autres annuaires professionnels, Google Maps et… de recenser les praticiens ! Puis de les appeler (ce n'est pas toujours évident) ou encore de visiter leur site et de lire les avis. Interrogez aussi les pharmaciens, demandez quels sophrologues ils connaissent et s'ils travaillent avec eux.

Il n'est certes pas facile d'obtenir des renseignements sur la date de leur installation, le nombre de leurs clients, encore moins de savoir s'ils vivent de leur pratique.

Vous pourrez néanmoins vérifier les points suivants sur les réseaux sociaux comme Facebook, LinkedIn et autres :

- Combien sont les sophrologues certifiés RNCP ?
- Pratiquent-ils d'autres disciplines ?
- Sont-ils spécialisés ?
- Quels tarifs affichent-ils ?
- Ont-ils apposé une plaque extérieure ?
- Sont-ils visibles sur les réseaux sociaux ?
- Ont-ils une page Internet ?
- Des avis de clients figurent-ils sur Pages jaunes, Google... ?

FIXER SES **TARIFS**

Après avoir moi-même longuement tergiversé, je vous suggère de pratiquer au démarrage les mêmes prix (c'est-à-dire situés dans la fourchette moyenne) que les autres sophrologues : ainsi, vous ne risquerez pas de perdre des clients à cause d'un prix trop élevé, ni de dévaloriser votre image à cause d'un tarif trop bas qui vous classerait comme « débutant ».

S'il y a beaucoup de concurrence en plein cœur de Paris, c'est moins ennuyeux qu'au milieu d'un village de 500 habitants. Personnellement, la concurrence ne m'a jamais paru un frein pour m'installer quelque part ; en revanche, j'ai adapté mon positionnement et mes tarifs en fonction de l'environnement. Cette étude vous permettra de mieux cibler votre offre et de la moduler (tarif, positionnement, image, spécialisation...).

Je prospecte la concurrence indirecte

C'est-à-dire le nombre et les tarifs des autres professionnels (médecins, psy, sages-femmes, infirmiers, hypnothérapeutes, naturopathes...) qui exercent la sophrologie à titre complémentaire. Pour certains, leurs actes sont pris en charge par la Sécurité sociale.

Les professionnels qui pratiquent des thérapies brèves similaires : hypnose, méditation, thérapie comportementale et cognitive (TCC), EMDR, PNL...

Je me renseigne sur les études disponibles

Sur les sites, les forums, les conférences, les parutions, etc., posez-vous les questions suivantes :

- Quelle est la courbe de progression de mon métier ?
- Combien de sophrologues en vivent ?
- Au bout de combien de temps ?
- Ont-ils un autre métier ?

Je cherche un bon emplacement

C'est un lieu qui vous ressemble et qui est facile d'accès. Idéalement, un lieu de passage, proche du métro si vous êtes dans une grande ville, où l'on peut aussi se garer sans tourner des heures (parkings à proximité, stations Vélib') et accessible aux personnes à mobilité réduite.

UN CONSEIL POUR SE SENTIR À L'AISE

La dimension de la salle peut varier, je conseille un minimum de 10 m^2 car il faut la place d'animer les exercices et de recevoir parfois jusqu'à trois personnes (parents, enfants). 15 m^2 est une très bonne superficie : vous pourrez y accueillir trois ou quatre personnes pour des séances de groupes.

Certains lieux, magnifiques, ne correspondent pas à l'image que vous souhaitez véhiculer : mieux vaut les éviter. Je me souviens d'un sublime cabinet que j'avais visité par curiosité. Le loyer de 500 euros par jour était à l'évidence trop élevé pour mon budget mais j'étais curieuse de voir ce que l'on proposait à ce prix. L'immeuble donnait sur l'une des plus belles places parisiennes. La salle d'attente était somptueuse, avec piano, tableaux de collection. Le bureau lui-même était impressionnant mais trop ostentatoire pour moi et pour la clientèle que je souhaitais toucher.

À noter

Comme vous y passerez du temps, il est important de trouver un lieu dans lequel vous vous sentez bien et qui vous ressemble. Ce qui compte, c'est surtout ce qui se produit dans le cabinet et la qualité de vos séances. Quoi qu'il en soit, les clients fermeront vite les yeux, au sens propre.

Quels sont vos impératifs ? En ce qui me concerne, je devais trouver un cabinet proche de chez moi car mes enfants étaient encore petits. En cas de problème, je pouvais rejoindre l'école à pied rapidement. Je cherchais donc en fonction de ce critère. Aujourd'hui que je ne vis plus dans Paris, le bon emplacement est un cabinet qui me permet de gagner aisément le périphérique et de rentrer chez moi sans trop d'embouteillages. Cela peut paraître terre à terre mais, au quotidien, la fatigue et le manque de temps aidant, vous comprendrez l'intérêt de privilégier de tels critères.

Comme pour choisir un appartement, allez-y à plusieurs moments de la journée afin d'examiner les boutiques, les restaurants ou les cafés en bas de vos fenêtres. J'avais visité un soir un très beau cabinet donnant sur un atelier de réparation de deux roues, fermé à cette heure tardive : calme la nuit, l'immeuble subissait dans la journée un vacarme incessant de bruits de moteurs et d'allées et venues. Attention également aux poubelles à verre (même dans la cour). Dans l'un de mes cabinets, un fast-food vidait ses bacs de verre plusieurs fois dans la journée, provoquant un raffut insupportable, même pour un sophrologue aguerri ! Observez qui habite au-dessus (dans les immeubles haussmanniens, des bruits de talons sur le parquet peuvent être particulièrement agaçants). Idem s'il y a des enfants en bas âge gardés en journée par la grand-mère… Bref : interrogez la gardienne, les voisins, n'hésitez pas, le bruit étant à mon sens le problème principal pour un sophrologue. Certains utilisent des casques avec un système audio qui permet de parler dans le casque, pourquoi pas ? C'est une solution à envisager même si, avec l'expérience, je me rends compte que le rapport au bruit est davantage un problème personnel : si vous vous sentez à l'aise avec, le client le sera également.

Déterminez ensuite les deux ou trois critères essentiels pour vous, en fonction de vos obligations et de la manière dont vous souhaitez exercer la sophrologie, par exemple :

- cabinet situé à moins de *xx* minutes de chez moi ;
- possibilité de me garer facilement ;
- proximité d'un métro (ces deux derniers critères sont importants pour les clients aussi) ;
- proximité d'une station de voitures ou de vélos électriques ;
- salle de 12 m^2 au minimum (davantage si vous voulez accueillir des groupes) ;
- salle libre les mercredis et samedis (si vous souhaitez vous spécialiser dans les enfants) ;
- calme ;
- clarté ;
- proximité d'une salle de sport (besoin de faire du sport le matin, ou entre midi et deux).

VOUS SOUHAITEZ PRATIQUER LA **SOPHROLOGIE EN ENTREPRISE** ?

La formule étant souvent proposée entre midi et deux, pourquoi ne pas choisir un lieu proche du siège de grandes entreprises, afin de gagner du temps ? Idem pour les hôpitaux, etc.

Je choisis la bonne formule

Je vous suggère de soigneusement réfléchir à la manière dont vous envisagez de pratiquer la sophrologie, comme vous avez pu l'étudier dans le chapitre précédent, car cela influera sur le choix de votre formule.

Bien sûr, celle-ci dépendra de votre situation, de vos envies et pourra évoluer au fil du temps.

Par exemple, demandez-vous si, pour commencer, vous préférez pratiquer seul ou en cabinet pluridisciplinaire.

Pour vous ce sera plutôt :

- principalement en cabinet : un cabinet extérieur ? un cabinet chez moi ?
- je souhaite me déplacer à domicile ;
- je souhaite intervenir en entreprise (ou en association, à l'hôpital, en prison...) ;
- je souhaite animer des groupes (clubs de sport, associations, centres de bien-être).

Le positionnement de départ est important, demandez-vous si la location d'un local vous est indispensable. Une collègue, dont le projet était de proposer des audits et des formations en gestion du stress pour les entreprises (ce qu'elle a fait avec succès), n'a jamais eu besoin de cabinet.

Une autre collègue habitant près de Versailles n'a jamais ouvert de cabinet car elle considérait qu'il y avait trop de concurrence alentour. Elle a préféré prospecter en visant une clientèle à domicile, ce qui s'est révélé un excellent choix.

Si vous souhaitez surtout intervenir en entreprise, dans des structures hospitalières ou en groupe par exemple, il n'est pas nécessaire d'investir au départ dans un cabinet mais plutôt dans la com' : un bon dossier, un site Internet, des cartes de visite et des flyers.

Cabinet pluridisciplinaire : les éléments à prendre en compte

MÉLANGER LES DISCIPLINES

Si vous choisissez le cabinet au moins pour votre installation, je vous conseille d'opter pour un cabinet regroupant divers thérapeutes pratiquant des disciplines complémentaires (acupuncteur, psy, ostéopathe, naturopathe...).

Les principaux avantages

D'une part, vous n'êtes pas seul dans votre coin, ce qui est plus rassurant et permet d'échanger.

D'autre part, vous profitez d'un passage plus important, souvent d'une salle d'attente commune, dans laquelle vous pouvez laisser des cartes de visite ou des flyers.

Enfin, vous bénéficiez d'une plus grande crédibilité, le fait d'appartenir à un groupe de thérapeutes étant gage de sérieux auprès de la clientèle.

Le fait de ne pas être isolé importe aussi par rapport à la sécurité.

Les principaux inconvénients

Le bruit ! Si les collègues reçoivent surtout des enfants en bas âge ou des bébés, il y aura du bruit. En fonction de la disposition des lieux et de la salle d'attente, cela peut devenir un vrai problème. Renseignez-vous avant de signer ou demandez à visiter les jours de consultation pour évaluer le niveau sonore ambiant.

Les collègues : il n'est pas toujours évident de faire partie d'un groupe. Des praticiens m'ont raconté que leurs flyers et cartes de visite disparaissaient de manière étrange dès qu'ils les disposaient dans la salle d'attente...

Le contrat et les clauses de résiliation : vérifiez bien dans votre bail que vous avez l'usage professionnel du lieu pendant au moins 3 ans et lisez attentivement les clauses concernant la résiliation. Dans un cabinet que je partageais à Paris, à La Motte-Picquet-Grenelle, avec 7 thérapeutes, le psychologue clinicien et la naturopathe ont été remerciés du jour au lendemain, sans explication, et ont dû trouver en urgence un autre cabinet (le préavis était de 3 mois). Imaginez les conséquences en termes de clientèle mais aussi d'organisation, sans compter l'aspect émotionnel de ce contretemps pour un thérapeute débutant. Soucieuse d'anticiper, j'ai immédiatement quitté ce cabinet – dans lequel j'avais pourtant développé une belle clientèle – à la recherche d'un dispositif pérenne.

La personnalisation : souvent vous n'aurez pas le choix de la décoration, les lieux partagés étant assez neutres. Vous pourrez consacrer chaque jour un peu de temps à personnaliser votre pièce en apportant couvertures, coussins, bibelots... Comptez dans ce cas une bonne quinzaine de minutes à l'arrivée comme au départ.

Cabinet extérieur où vous exercerez seul

Choisissez un lieu où les gens peuvent facilement se garer ou accéder par transport en commun. Ne soyez pas trop isolé. Il est plus judicieux de vous installer dans une zone d'activité qu'en rase campagne.

Les principaux avantages

Dans votre propre cabinet, vous subirez moins de bruits parasites (portes qui claquent, conversations dans le couloir et la salle d'attente).

Vous pourrez décorer le lieu comme bon vous semble, y laisser vos affaires, accrocher vos certificats, constituer une bibliothèque de référence... Vous vous sentirez davantage « chez vous ». Vous pourrez choisir les magazines à mettre en salle d'attente et personne ne dérobera vos flyers en douce.

Les principaux inconvénients

L'insécurité : si vous exercez seul, surtout pour une femme, soyez vigilant et pensez toujours à sonder votre interlocuteur avant la séance. S'il demande si vous faites des massages, soyez très clair : nous pratiquons une technique exclusivement vocale, sans aucun toucher. Au moindre doute, refusez le client. Ayez toujours un téléphone à portée de main. La jeune kiné qui partage mon cabinet vient d'acheter une bombe lacrymogène à cause du comportement déplacé de certains patients, au point qu'elle a dû porter plainte. D'autres collègues, surtout les plus jeunes, racontent des problèmes similaires. La prudence est de mise, a fortiori si vous exercez dans un endroit écarté.

L'isolement : si votre vie sociale est plutôt réduite, ce n'est pas forcément une bonne option. Le métier de sophrologue est déjà assez solitaire, vous accueillerez la souffrance, le mal-être, le stress de vos clients : il est parfois bon de pouvoir en parler, échanger, voire de piquer un fou rire avec un collègue pour dédramatiser.

Cabinet à domicile

Si vous décidez de pratiquer d'abord chez vous, assurez-vous, en plus de votre sécurité, d'avoir des toilettes à disposition des clients. Exercer chez soi est parfois un premier choix avant de « sauter le pas » et de louer un cabinet. Pourquoi pas si vous avez une pièce à disposition ? Souvent, une fois que les enfants ont pris leur envol, le lieu d'habitation devenu trop grand permet de tester cette formule.

Les principaux avantages

Vous n'aurez ni caution ni loyer à avancer.

Vous pourrez vous installer rapidement, sans annonces à dépouiller ni visites à programmer.

Vous aménagerez le lieu comme bon vous semble.

Vous ne perdrez pas de temps en transport.

Les principaux inconvénients

Vous aurez plus de mal à être professionnellement crédible, sauf si vous pouvez aménager une entrée indépendante. Dans ce cas, vérifiez bien qu'aucun vêtement ni objet personnel ne traînent.

Il sera plus délicat de garder la bonne posture thérapeutique. N'oubliez pas que moins les clients en sauront sur vous, mieux ce sera : donc, pas de photo de vous en maillot de bain ni de BD érotique sur les étagères. Je plaisante un peu mais les clients trouvent toutes les occasions pour poser des questions personnelles, autant ne pas les provoquer.

Attention aux sollicitations extérieures : le chien qui aboie, la femme de ménage qui vaque, votre mère qui vous rapporte les clés, autant d'interférences qui risquent de nuire à votre réputation.

Ainsi, cette option qui paraît d'emblée confortable est à double tranchant : si vous avez du temps pour vous installer, vous déploierez peut-être moins d'efforts pour vous faire connaître. Le fait de louer un cabinet, d'avoir des comptes à rendre et une clientèle à constituer sera un excellent facteur de motivation car vous n'aurez pas d'autre choix que de réussir. Selon un article de la *Harvard Business Review* (août-septembre 2017) « prévoir un plan B ruine la performance ». Nous serions moins susceptibles d'atteindre notre objectif si nous disposons d'un plan de repli, le confort psychologique n'étant pas forcément productif à long terme.

MA **RECOMMANDATION**

Sauf si vous pouvez préserver votre cabinet de toute interaction avec votre vie privée, je déconseille vivement l'installation à domicile.

N'oubliez pas que, si vous résidez en copropriété, il vous faudra une autorisation pour recevoir de la clientèle, surtout si votre activité devient régulière. De même, si vous souhaitez faire installer une plaque extérieure, vous devrez demander l'accord de la copropriété (à moins que d'autres praticiens aient déjà apposé leur plaque), qui n'est pas garanti. Renseignez-vous bien !

Au début, avec peu de passage, votre activité ne risque guère de déranger. Mais, si elle se développe et que vous animez des groupes chez vous, cela peut devenir un problème.

Je décide de la formule en fonction du temps que je souhaite y consacrer

Le temps que vous consacrez à votre activité va déterminer le choix de la formule. Si vous n'exercez au début que quelques heures, vous aurez peut-être intérêt à louer un cabinet de manière ponctuelle. Si vous pratiquez plusieurs jours par semaine, une location au mois sera plus rentable.

Il existe de nombreuses formules, nous l'avons évoqué, avec des forfaits à l'heure, à la demi-journée, à la journée ou au mois. Les locaux sont souvent décorés de manière assez neutre et généralement équipés d'une table de massage. La plupart proposent un agenda en ligne pour réserver vos créneaux.

L'avantage de la location ponctuelle est que vous ne payez que les heures utilisées. Vous bénéficiez en outre d'une bonne visibilité grâce au site Internet du lieu, s'il est bien positionné dans les moteurs de recherche. Vous pourrez créer un lien via votre page personnelle, ce qui améliorera le trafic ainsi que votre positionnement. Enfin, vous pourrez laisser vos cartes de visite dans la salle d'attente, en bénéficiant du passage des clients d'autres thérapeutes. Bilan : aucun investissement de départ (décoration, ameublement, assurance, ménage), sauf l'abonnement qui est censé inclure toutes les charges et assurances (à l'exception de votre assurance personnelle, la RC Pro : voir plus loin, p. 158).

L'une de mes collègues, également formatrice et qui intervient en tant que sophrologue principalement en entreprise, utilise avec succès cette formule depuis des années et ne souhaite nullement louer en permanence un cabinet. De par sa souplesse et l'absence de tout investissement, la location ponctuelle peut donc parfaitement convenir sur le long terme en fonction de votre positionnement.

Certains endroits disposent de salles spacieuses, qui permettent d'accueillir des séances de groupe. C'est une solution intéressante pour démarrer si votre budget est limité, si vous avez d'autres activités à côté ou si vous souhaitez simplement tester votre envie, votre capacité à exercer en cabinet. Bien sûr, la location n'offre ni l'avantage ni la flexibilité d'un cabinet personnel, aménagé à votre goût et, si votre client annule à la dernière minute, vous devrez quand même payer la location.

Si vous travaillez de manière plus régulière, deux à trois journées par semaine, cette option n'est guère viable. D'autant qu'il sera difficile, avec un agenda en ligne, de bloquer d'avance des plages horaires. La location ponctuelle n'est avantageuse que lorsqu'on débute ou si l'on préfère travailler surtout à l'extérieur, dans d'autres structures.

L'installation d'un point de vue **juridique**

Quel statut choisir ?

La sophrologie est reconnue comme une profession libérale non réglementée. Pour l'exercer, il vous faudra choisir un statut prenant en compte ce fait, qui n'est pas un simple détail puisque nous n'avons pas accès au statut des sociétés d'exercice libéral (SEL), propre à de nombreux professionnels de santé. Aujourd'hui, de plus en plus d'écoles organisent des formations sur l'installation elle-même, ce qui est une excellente chose.

Vous avez le choix entre deux grandes options :

Exercer en tant qu'entreprise individuelle	Exercer en tant que société
La microentreprise (ex-autoentreprise) : statut simple à mettre en place mais qui a ses limites. C'est le plus commun pour les sophrologues, celui que j'ai adopté pendant mes trois premières années d'activité.	L'entreprise individuelle en nom propre (EI) : statut bien adapté à notre métier mais qui peut réserver quelques déconvenues en termes de paiement des charges sociales ; en effet, ces dernières étant calculées sur les bénéfices, elles sont susceptibles de varier fortement d'une année à l'autre. L'entreprise individuelle à responsabilité limitée (EIRL) : même remarque que pour l'EI. Toutefois, l'EIRL permet de protéger son patrimoine personnel mieux qu'avec l'EI. L'entreprise unipersonnelle à responsabilité limitée (EURL, qui est une SARL à associé unique). Le gérant détermine sa rémunération, laquelle sert de base au calcul des charges sociales. La société par actions simplifiée unipersonnelle (SASU) : régime juridique moyennement adapté car plus coûteux que l'EURL.

Les statuts alternatifs à l'entreprise privée

■ *Le statut d'entrepreneur-salarié en coopérative d'activité et d'emploi*

Il permet d'être indépendant tout en bénéficiant du statut de salarié.

■ *Le portage salarial en CDD ou CDI*

Il permet de facturer tout en étant salarié, ce qui allège la charge administrative puisque c'est la société de portage qui établit le contrat de travail et gère la « paperasse » : embauche, versement des cotisations sociales et de la rémunération. Sachez cependant que cette solution n'est pas intéressante si vous êtes sous le seuil de CA non soumis à la taxe sur la valeur ajoutée (TVA). En revanche, si vous avez besoin de toucher un salaire, si vous ne souhaitez gérer aucun dossier administratif ou si vous avez besoin d'indemnités de chômage, cette alternative est à envisager.

Pour estimer ce que vous allez gagner : retranchez environ 40 % de votre CA au titre des charges sociales, et entre 8 à 10 % pour les frais de gestion de la société de portage. Vous cotisez alors à la Sécurité sociale, au chômage et au régime général de retraite en cas de rupture de contrat puisque vous êtes salarié.

Dans le cadre de l'allocation de retour à l'emploi (ARE), vous avez également la possibilité de cumuler les revenus du statut de portée avec vos indemnités de chômage.

Un bémol : le statut de CDI pour le portage salarial n'est pas reconnu comme tel par les banques et, si vous sollicitez un prêt, il vous faudra justifier de 3 années de bilans positifs.

Parfois une mutuelle complémentaire peut être proposée.

PRIVILÉGIEZ LA MEILLEURE **SOLUTION TARIFAIRE** !

Attention cependant, même si vous êtes salarié, tous les frais ne sont pas déductibles et, au final, la solution peut se révéler assez coûteuse. Bien choisir son prestataire est essentiel car il existe de grandes disparités entre les offres. Optez pour une société de portage que l'on vous conseille ou qui adhère à la charte déontologique de syndicats comme le Syndicat national des entreprises de portage salarial (SNEPS) ou la Fédération nationale du portage salarial (FNPS).

Une fois par mois, la société de portage doit vous envoyer un bilan de votre situation : prélèvements sociaux, frais de gestion et professionnels, état des prélèvements sociaux et fiscaux, et le montant de l'indemnité d'apport d'affaire (en général 5 % de votre rémunération nette).

> « *L'entreprise de portage doit verser au salarié une rémunération minimale définie par accord de branche étendu. À défaut la rémunération brute minimale hors indemnité est de 2 483 euros par mois pour une activité équivalent temps plein, correspondant à 75 % du plafond mensuel de la Sécurité sociale, une indemnité d'apport d'affaire de 5 % de la rémunération (commission couvrant le temps de préparation et de prospection du client). Les périodes sans prestation à une entreprise cliente ne sont pas rémunérées.* »
>
> www.service-public.fr/professionnels-entreprises/vosdroits/F31620

Elle doit également souscrire pour vous à une RC Pro (voir p. 158).

Points à vérifier

- Quelle est la garantie en responsabilité civile et professionnelle proposée par la société de portage ?
- Attention à ce que le taux de prélèvement ne dépasse pas 10 %.
- Certaines sociétés de portage proposent une garantie bancaire, ce qui est rassurant et permet de saisir l'organisme de caution en cas de défaillance de la société de portage pour garantir le paiement de vos factures.
- Quels sont les services inclus ? Vous devez pouvoir être conseillé pour établir cette convention de portage. Parfois des réunions d'information voire de formation sont proposées, c'est pourquoi il importe de choisir une société spécialisée dans votre secteur d'activité.
- La société propose-t-elle le recouvrement des paiements, c'est-à-dire qu'elle vous rémunère même si votre client tarde à payer ?
- Veillez à ne pas signer de clause d'exclusivité.
- Soyez vigilant sur les conditions de rupture de contrat.

Le portage entrepreneurial

Sous cette forme, vous n'avez aucun lien juridique avec la société de portage, les contrats sont des contrats de prestations ou de mandats (non des contrats de travail ou de prestations commerciales comme c'est le cas en portage salarial). Ainsi vous pouvez aussi bien offrir vos services aux particuliers qu'aux sociétés.

Vous êtes le client de la société de portage qui gère l'administratif et vous verse un bulletin de paie permettant de bénéficier du régime général. La société de portage n'est qu'un prestataire de service et vous n'êtes pas tenu, comme c'est le cas en portage salarial, de fournir un relevé d'heures et un rapport d'activité.

Aucun minimum de CA n'est demandé puisqu'il n'y a pas non plus d'obligation de rémunération mensuelle, ce qui permet de commencer petit et de grandir sans prendre de risque.

En revanche, dans la mesure où vous ne versez aucune cotisation à Pôle emploi il n'y a pas d'indemnité chômage. Il n'y a aucune limitation de durée de contrat.

Si vous souhaitez en savoir plus, n'hésitez pas à consulter un site qui explique clairement la différence entre portage salarial et entrepreneurial. www.leportagesalarial.com/cdi-portage-salarial-emploi-classique-differences

Les couveuses d'entreprises

Elles permettent surtout d'être accompagné dans un lancement de projet (viabilité du projet, conseils juridiques, stratégie de développement, de communication…). La couveuse peut éventuellement vous aider à obtenir des fonds pour le mettre en place.

Concrètement, vous utilisez le numéro Siret de la couveuse et bénéficiez d'une assurance responsabilité civile et professionnelle (RC Pro), ainsi vous pouvez tester votre projet en toute sécurité, la couveuse prélève 10 % du CA. Vous pouvez encore vous y former au métier d'entrepreneur. « *La couveuse dispose d'un contrat particulier visant à couvrir l'entrepreneur : le contrat d'appui au projet d'entreprise (Cape). L'entrepreneur à l'essai signe un Cape. Ce contrat écrit permet au futur créateur d'entreprise de conserver son statut antérieur et ses revenus sociaux pendant toute la durée de l'accompagnement[1]. »*

Il faut proposer un projet bien ficelé pour être accepté dans une couveuse par un comité d'admission.

■ *L'association loi 1901*

Ce type d'association est un groupement de personnes souhaitant développer un but commun. Il accueille des membres ou des adhérents en échange d'une cotisation annuelle souvent symbolique. Il peut proposer des services et faire des bénéfices mais ceux-ci doivent servir à l'association. Si les dirigeants peuvent se salarier, ce n'est qu'à hauteur de 75 % du Smic. En contrepartie, il n'y a pas de taxes (TVA, impôt sur les sociétés), pas de frais de création ni de gestion, bien qu'une gestion administrative régulière soit requise : pas vraiment de risques donc. Autre avantage : pouvoir bénéficier de salles appartenant aux collectivités locales. En revanche, le statut – qui exclut tout but lucratif – ne me semble pas adapté à la situation d'un sophrologue souhaitant gagner sa vie. Toute activité commerciale serait illégale et entraînerait un redressement.

Bref, si aucun statut n'est idéal, souvenez-vous que le choix reste modifiable et examinez principalement les critères suivants : votre statut fiscal, vos charges et votre besoin de protéger votre patrimoine personnel. Dans tous les cas, vous aurez à payer les impôts, les charges fixes et la cotisation foncière des entreprises (CFE) même si vous n'avez pas de cabinet. Cela n'est pas toujours bien indiqué lors des formations, la facture arrive en général vers le mois de décembre et, si vous avez plusieurs cabinets, vous paierez plusieurs CFE. Le montant est fonction de chaque mairie et de votre surface professionnelle. Cette cotisation est soit forfaitaire jusqu'à un certain seuil, soit calculée par tranches, en fonction de votre CA. Sachez néanmoins que vous en êtes exonéré durant la première année d'activité si vous en faites la demande. Il faut pour cela déposer une déclaration 1447-C-SD (formulaire n° 14187*01) valant demande d'exonération avant le 31 décembre de l'année du début d'activité (ou dans les 3 mois suivant la création si celle-ci intervient à partir d'octobre).

1. www.pole-emploi.fr/actualites/les-couveuses-d-entreprises-@/article.jspz?id=184165

POUR PLUS D'**INFORMATIONS**

Rendez-vous sur le site :
www.service-public.fr/professionnels-entreprises/vosdroits/F23547

Même si la microentreprise est souvent préconisée pour démarrer, il importe de connaître les différentes formules afin d'évoluer si nécessaire, sachant qu'il est plus simple de passer d'une microentreprise à une entreprise que de parcourir le chemin inverse. Pour toute entreprise individuelle, vous pourrez choisir de déclarer votre activité en tant que BIC (bénéfices industriels et commerciaux) ou en tant que BNC (bénéfices non commerciaux). Ce choix du mode d'imposition va déterminer le calcul du bénéfice imposable.

Examinons maintenant les différentes formules.

La microentreprise (ex-« autoentreprise »)

C'est le statut juridique le plus courant chez les sophrologues. Depuis 2016, il remplace celui de l'autoentreprise. Rapidement créé, il ne nécessite pas de fonds propres et permet de cumuler d'autres revenus, d'où son intérêt lorsqu'on démarre.

POUR VOUS **INSCRIRE**

Pour vous informer puis vous inscrire, je vous conseille d'explorer le site officiel : www.lautoentrepreneur.fr
Soyez vigilants car d'autres sites proposent de vous inscrire, en vous faisant payer l'inscription.

Tout sophrologue peut devenir microentrepreneur, à titre principal ou complémentaire.

Voyez, recensés dans un tableau p. 145-147, les principaux avantages et inconvénients de cette forme juridique, sachant qu'elle est susceptible d'évoluer.

Quelques modifications récentes :

- Le plafond du CA des microentreprises de prestation de services (dont la sophrologie) passe de 33 200 euros à 70 000 euros. Un progrès certes, mais décevant car le seuil de franchise de TVA reste inchangé, ce qui signifie que vous devez facturer hors TVA jusqu'à 33 200 euros, puis avec TVA (donc 20 % en plus) au-delà, à condition que le CA de l'année précédente n'excède pas 33 100 euros.
- Changement de régime : l'absorption du régime social des indépendants (RSI) par le régime général est effective depuis le 1er janvier 2018. Jusqu'en 2017, le RSI était l'organisme dont dépendaient les microentrepreneurs pour les caisses maladie et vieillesse. Il gérait les charges et cotisations sociales obligatoires des travailleurs non salariés (TNS). En 2006, le RSI a fusionné avec l'Urssaf. Cela a généré pas mal de mécontentement dû aux lenteurs et à la mauvaise gestion des dossiers.
- Un congé maternité unique, soit l'égalité pour les femmes salariées et microentrepreneuses, est prévu également car jusqu'à présent les microentrepreneuses avaient un congé maternité plus court et moins bien rémunéré. L'idée est de mettre en place un congé unique : 6 semaines de congé prénatal et 10 semaines de congé postnatal pour un premier enfant, avec les mêmes indemnités, quel que soit le statut.
- Versement d'une indemnité journalière maladie : jusqu'à présent, le RSI versait les indemnités journalières avec un délai de carence de 3 jours en cas d'hospitalisation (versement le 4e jour) et de 7 jours en cas de maladie ou accident (versement le 8e jour). À partir du 1er janvier 2018, pour une hospitalisation de plus de 3 jours, le versement se fait à partir du 4e jour ; pour un arrêt-maladie ou accident de plus de 7 jours, le versement se fait à partir du 4e jour (donc plus tôt).
- Logiciel antifraude obligatoire sous peine d'une amende de 7 500 euros. L'obligation de s'équiper d'un logiciel de gestion sécurisé et certifié vise à éviter

les fraudes : puisque le microentrepreneur bénéficie d'une franchise de TVA, il ne doit pas l'inclure dans sa facturation. La mesure a fait beaucoup de bruit car l'un des grands intérêts de la microentreprise était sa comptabilité simplifiée. Confronté à de nombreuses critiques, le gouvernement a revu la mesure qui, désormais, s'applique aux microentrepreneurs pratiquant la vente au comptoir. Les sophrologues ne sont donc plus concernés par cette obligation.

- Prélèvement à la source, mensuel ou trimestriel, en fonction de la situation des années précédentes.

D'autres restent en suspens, il s'agit de :

- la création d'une assurance-chômage universelle ;
- la création d'un régime de retraite pour les travailleurs indépendants qui soit le même que pour les salariés ou fonctionnaires ;
- la suppression des cotisations sociales pour la 1re année d'activité d'un microentrepreneur.

Affaire à suivre donc...

À ce jour, voici le tableau des principaux avantages et inconvénients de ce statut juridique :

La microentreprise

Avantages	Inconvénients
• Le plus rapide à créer : il faut juste vous immatriculer au Registre du commerce et des sociétés (RCS) sur le site l'autoentrepreneur, vous recevez un numéro de Siret pour faire vos déclarations en ligne. Vous pouvez cumuler ce statut avec un autre emploi, un autre salaire, la retraite... • Cette création n'engendre aucun frais de création ni de gestion. Aucun apport de capital n'est nécessaire.	• Ne pas dépasser un certain CA annuel (à vérifier chaque année, le montant peut changer). En 2018, il s'agit de 70 000 euros ; au-delà, il faut passer à un autre statut. • Il n'est pas possible de cumuler ce statut avec une autre activité non salariée. • Pas de récupération de TVA.

Avantages	Inconvénients
• Vous n'êtes pas obligé d'avoir un comptable. Seule contrainte : tenir un registre de recettes/dépenses. • Vous versez uniquement des cotisations proportionnelles aux recettes. Si le CA est de 0 euro, vous ne payez rien (mais vous déclarez quand même n'avoir rien gagné). Le calcul se fait automatiquement sur le portail Internet. • En tant que microentrepreneur vous avez droit à un régime simplifié de calcul de paiement des cotisations sociales obligatoires qui sont de 22 %. La déclaration et le paiement des cotisations et des contributions sociales en fonction de votre CA, soit par mois, soit par trimestre, peuvent se faire également à partir du site Internet. Vous bénéficiez d'une franchise de TVA jusqu'à hauteur de 35 200€ de CA HT. • Vous pouvez, selon votre situation, bénéficier de l'Aide aux chômeurs créateurs ou repreneurs d'entreprise (Accre). Cette aide doit être demandée dans les 45 jours qui suivent la création ou la reprise d'entreprise. Elle consiste en une exonération des cotisations sociales au cours de la 1re année d'activité ou en l'obtention d'un allégement des cotisations sociales pendant 3 ans. Les cotisations sociales augmentent progressivement chaque année. Comptez 5,5 % du CA la première année, 11 % la deuxième et 16,5 % la troisième année. www.lecoindesentrepreneurs.fr/etablir-le-dossier-accre	• Aucune charge ne peut être déduite (loyer, téléphone, frais de déplacement, etc.). • Le microentrepreneur a un an pour ouvrir un compte bancaire dédié à ses activités. Il peut d'ailleurs s'agir d'un compte personnel, même si souvent les banques proposent un compte professionnel (impliquant davantage de frais) alors qu'il n'est ni obligatoire ni même conseillé. • Il n'y a pas de protection sur vos biens propres car la microentreprise, c'est vous-même. Si vous avez des dettes, votre patrimoine, vos comptes bancaires peuvent être saisis. Cela dit, il existe, si nécessaire, un dispositif pour protéger votre patrimoine car la responsabilité est limitée aux biens requis pour exercer votre métier. Il faut pour cela choisir l'option entreprise individuelle à responsabilité limitée (EIRL) et fournir une déclaration de la valeur des biens qui seront saisis en cas de litige. Cette déclaration se fait par acte notarié (environ 500 euros). Vous pouvez également l'effectuer par la suite.

Avantages	Inconvénients
• Vous pouvez également bénéficier de l'Arce (versement en capital des allocations chômage) ou de l'Are (allocation d'aide au retour à l'emploi) qui permet à l'entrepreneur de continuer à toucher ses allocations après la création d'entreprise, soit partiellement en fonction des revenus perçus dans cette nouvelle activité, soit en totalité s'il ne gagne encore rien avec sa microentreprise. • L'Accre et l'Are d'une part, ou l'Accre et l'Arce de l'autre sont cumulables. • Vous pouvez cocher la case « versement libératoire » de l'impôt. Dans ce cas vous payez votre impôt en même temps que les charges sociales (chaque mois ou trimestre). C'est une option intéressante mais offerte uniquement si, l'année précédente, votre revenu fiscal de référence était inférieur ou égal à : - 26 791 euros pour une personne seule ; - 53582 euros pour un couple ; - 80 373 euros pour un couple avec deux enfants (vérifier les plafonds, qui peuvent changer chaque année). • Les professionnels exerçant en libéral auront désormais droit à une meilleure indemnisation en cas de maladie car, jusqu'à présent, ils ne touchaient pas d'indemnités journalières. • La cessation d'activité s'effectue simplement et presque sans frais.	• Vous êtes tenu de cotiser à la contribution à la formation professionnelle (CFP), qui s'élève à 0,2 % du CA. Mais ce prélèvement constitue aussi un avantage puisqu'il vous permet de faire prendre en charge certaines formations.

Conclusion

Ce statut est intéressant pour démarrer puisque, vous l'aurez compris, vous ne payez rien si vous ne gagnez rien, et la facturation est simplifiée. Mais, à mon sens, ce n'est pas un statut à garder trop longtemps si l'on souhaite se développer, d'autant qu'aucune charge n'est déductible. Il est parfois plus intéressant d'être en entreprise, de ne payer de charges que sur votre revenu personnel et de pouvoir déduire vos frais : un calcul sérieux doit être établi, avec l'aide d'un comptable si nécessaire, avant de changer de statut. N'oubliez pas que la TVA, dans les deux cas, est à reverser si vous dépassez le taux autorisé.

Ensuite, il va falloir déterminer la bonne nomenclature pour votre activité principale.

Quel code d'activité principale exercée (APE) déclarer ? Au moment de l'inscription, on va vous demander de choisir. En tant que sophrologue, vous avez deux possibilités principales :

- Code NAF 8690 F si vous vous destinez à être uniquement thérapeute. C'est le code recommandé par la chambre syndicale de sophrologie car il correspond le mieux au métier de sophrologue en tant qu'activité libérale à vocation thérapeutique, d'aide, ou de conseil.
- Code 9609 Z si votre activité est également tournée vers le bien-être et les soins corporels (yoga, massage).

Sachez toutefois que ce code peut se changer sur simple demande.

Si vous souhaitez en savoir plus (vidéos, guides téléchargeables, questions), je vous conseille ce site : www.federation-autoentrepreneur.fr

Les entreprises à responsabilité limitée : société à responsabilité limitée (SARL) ou entreprise unipersonnelle à responsabilité limitée (EURL)

En général, ce statut est celui qui vient après la microentreprise, une fois franchi le seuil fatidique. Mais, comme je l'indiquais, en fonction de vos charges, de votre situation fiscale et sociale, vous pouvez l'adopter dès le début d'activité. Cependant, ce n'est peut-être pas le statut le plus adapté à votre cas, cela dépend de nombreux paramètres.

Le tableau ci-dessous vous aidera à évaluer les avantages et les inconvénients de cette solution, et à juger si elle est adaptée à votre profil. La consultation d'un professionnel est néanmoins à envisager avant de vous lancer. Les informations sont tirées du site : www.lecoindesentrepreneurs.fr

La SARL/EURL

Avantages	Inconvénients
• La SARL unipersonnelle permet de choisir entre l'IS et l'IR (impôt sur les sociétés ou impôt sur le revenu). • Possibilité de déduire vos frais (cabinet, meubles, téléphone, déplacements, restaurant, etc.). • Votre patrimoine est protégé. • Si vous déclarez la TVA, vous pouvez également la récupérer sur vos achats (mais les achats sont peu nombreux dans ce métier). • Vous pouvez demander à ne pas verser de cotisations sociales pendant les 12 premiers mois suivant le début d'activité.	• Obligation de tenir un livre des recettes et de conserver les justificatifs. • Obligation d'établir un bilan annuel, avec les actifs et les passifs. • Compte professionnel obligatoire (avec les frais inhérents). • À partir de 32 900 euros de CA HT, l'activité est soumise de plein droit à la TVA. • L'Urssaf calcule les cotisations à partir du résultat net (contrairement à la microentreprise, même un CA de zéro euro engendre des frais).

⇨

Avantages	Inconvénients
• SARL et EURL peuvent être créées par un associé unique. Il s'agit dans ce cas d'une SARL unipersonnelle ou d'une EURL. • Vous pouvez aussi demander le paiement échelonné des cotisations définitives dues au titre des 12 premiers mois d'activité sur une période maximale de 5 ans (à hauteur de 20 % au minimum par an). • Régime social : vous dépendez du régime des travailleurs non salariés (TNS).	• Comptable ou expert-comptable obligatoire, prévoir entre 1 000 et 2 000 euros de frais, déductibles du CA. • Les deux premières années, l'Urssaf calcule le montant des cotisations sur une assiette forfaitaire, soit 19 % du plafond annuel de la Sécurité sociale (PASS) la première année, puis 27 % la deuxième année. Et ce, quel que soit le CA réel. Il faut donc prévoir de mettre ces sommes de côté. • Puis le calcul s'effectue sur la base réelle des 3 dernières années. Une baisse d'activité n'entraînant que l'année suivante une révision du montant des cotisations, mieux vaut gagner toujours davantage. • Les dividendes que vous percevrez en tant que gérant majoritaire sont assujettis aux cotisations sociales pour la partie qui excède 10 % du total suivant : capital social + primes d'émission + apports versés en compte courant d'associé. Ce qui signifie que, sauf apports importants en capital, le revenu que touche un gérant majoritaire est forcément soumis aux charges sociales. • Arrêter une SARL implique des procédures et un coût important.

Il va falloir aussi faire des choix en amont dans le cadre de votre déclaration fiscale. Dès la création de la société et en fonction de votre situation, vous devrez choisir entre les options impôt sur le revenu (IR) ou sur les sociétés (IS).

MON CONSEIL

Ces décisions sont importantes, je vous conseille de les définir avec un comptable car elles ne se modifient pas facilement.

Consultez le site : www.urssaf.fr/portail/home/independant/je-cree-mon-entreprise/quel-statut.html

La société par actions simplifiée (SAS) et la société par actions simplifiée unipersonnelle (SASU)

Dans le cas de la SASU, si vous êtes l'associé unique, vous serez également le président. Cette forme de société est peut-être un peu lourde à gérer au niveau administratif tant que l'activité reste faible. Elle présente l'avantage de pouvoir se salarier mais, là encore, il faut une activité régulière. Si vous optez pour ce statut je vous conseille vivement de vous faire aider pour la création.

La SAS / SASU

Avantages	Inconvénients
• Pas de montant minimum imposé pour créer la société. • Déduction des frais. • Récupération de la TVA. • Possibilité de se salarier et de bénéficier d'une couverture sociale (si revenus réguliers). Si vous dépendez du régime des assimilés salariés, vous bénéficiez d'une protection sociale identique à celle des salariés affiliés au régime général de la Sécurité sociale (Urssaf) mais ce régime est plus cher.	• Tenir un livre de recettes. • En tant que gérant, vous engagez votre responsabilité civile et/ou pénale en cas de faute de gestion. • Vos biens sont protégés à la responsabilité limitée au montant des apports. Sauf si vous êtes associé (dans ce cas, votre responsabilité sera limitée à vos apports dans la société), votre patrimoine personnel peut être engagé en cas de faute de gestion.

Avantages	Inconvénients
• Il n'y a pas de cotisation sociale sur les dividendes. • À revenu équivalent, l'assurance vieillesse est plus intéressante que celle des travailleurs indépendants.	• Obligation d'avoir un comptable. • La rédaction des statuts est assez compliquée. • Obligation de produire un bilan annuel. Paiement de la TVA au-delà de la franchise. • Cotisations à payer quel que soit le CA (même s'il est nul). • L'Urssaf calcule là encore le montant des cotisations sur la base du résultat des trois dernières années d'exercice avec la base forfaitaire appliquée à la SARL/EURL (voir tableau précédent, p. 149). • Le président de SAS peut percevoir une rémunération en contrepartie de ses fonctions de dirigeant social et obtenir ainsi des droits en matière de protection sociale. Plus d'info sur le site : www.lautoentrepreneur.fr.

Pour en savoir plus, regardez l'excellent tableau comparatif de ces différents statuts à la fois au niveau de la fiscalité, des statuts et de la gestion, sur le site : www.lecoindesentrepreneurs.fr/tableau-comparatif-des-structures-unipersonnelles

L'association

Comme déjà indiqué, ce statut ne me semble pas adapté à l'activité de sophrologue puisqu'une association doit réinvestir les bénéfices qu'elle produit, ce qui est incompatible avec le projet de vivre de notre métier.

Afin de constituer une association, dont les statuts sont déposés en préfecture, il faut en général un secrétaire, un trésorier et un président (certains de ces postes pouvant être tenus par la même personne).

Le statut associatif

Avantages	Inconvénients
• Possibilité d'être employé ou prestataire de l'association. • Avoir plus facilement accès à des locaux proposés par la municipalité. • Obtenir des subventions.	• Aucune possibilité de faire des bénéfices selon la loi de 1901. • Conseils d'administration et assemblées générales annuelles obligatoires. • La rémunération des dirigeants est possible mais à hauteur de 75 % du Smic. • Le président ne peut être ni employé ni rémunéré. • En cas de problèmes financiers, les associés sont personnellement soumis à une procédure collective.

L'accessibilité des locaux

Ce que dit la loi

Afin d'améliorer l'accessibilité des locaux aux personnes souffrant de handicap, qu'il soit moteur, mental, auditif ou visuel, ou caractérisé par une mobilité réduite (femmes enceintes, seniors ou personnes avec poussettes...), de nouvelles obligations sont en vigueur depuis janvier 2015. Elles résultent d'échéances fixées par la loi « pour l'égalité des droits et des chances, la participation et la citoyenneté des personnes handicapées » (loi n° 2005-102 du 11 février 2005, dite « loi handicap »).

Tous les établissements recevant du public (ERP) sont concernés par la loi handicap et, depuis janvier 2015, tout ERP doit être accessible à chacun, quel que soit son handicap. Mais si vous exercez chez vous, vous n'êtes pas soumis à cette obligation car votre logis n'est pas considéré comme ERP (sauf si vous faites construire une pièce exprès pour recevoir du public : il vous faudra alors un permis de construire ou d'agrandir).

Vous devez donc respecter les obligations et les échéances suivantes :

- ERP neufs : accessibilité aux personnes handicapées lors de la demande de permis de construire ou d'autorisation de travaux ;
- ERP existants de cinquième catégorie (sauf si vous recevez plus de 300 personnes, lors d'une conférence par exemple). Vous serez soumis à des obligations, notamment en matière de portes, de couloirs (accès), de sanitaires, de visibilité (éclairage, signalétique...).

Comment procéder ?

Mise en garde

Certaines sociétés se faisant passer pour des organismes gouvernementaux proposent de faux diagnostics et affirment que vous risquez de lourdes amendes si vous ne mettez pas votre cabinet rapidement aux normes. Elles opèrent par téléphone ou e-mail, parfois en affichant un logo tricolore, des numéros de dossier bidon, des circulaires inexistantes. Puis elles organisent la visite d'un faux agent de l'État et prescrivent des travaux à prix prohibitifs sous peine de sanctions. Les messages peuvent être assez agressifs, avec injonction de « se mettre en conformité ».

> *Parmi ces démarcheurs, la société Diagnostic Accessibilité [...]. Elle adresse notamment des fax ou courriels surtitrés : «Déclaration obligatoire d'accessibilité» et ayant pour objet «Obligation réglementaire relative à votre établissement» ou encore «Votre établissement n'apparaît pas dans la liste des ERP entrés dans la démarche d'Ad'AP[1] ou ayant fourni une attestation auprès de votre préfecture. [...] Nous vous invitons dès à présent à vous mettre en conformité.»*
>
> *Que Choisir* (3 février 2016)

Le message est clair : ne répondez pas ! Ou signalez le problème à la direction départementale de la protection des populations (DDPP, ministère de l'Économie).

1. Ad'AP : Agenda d'Accessibilité Programmée.

Il est impossible d'établir un diagnostic par téléphone et, de toute façon, le seul autodiagnostic possible s'effectue sur le site du ministère du Développement durable (voir ci-dessous).

Une seule obligation : l'agenda d'accessibilité programmée (Ad'AP)

Les ERP n'ont aucune obligation de faire réaliser un diagnostic d'accessibilité par une société, contrairement à ce que prétendent certains démarcheurs. La seule obligation est le dépôt d'un Ad'AP.

Autodiagnostic

Comme évoqué ci-dessus, vous pouvez réaliser votre autodiagnostic directement sur le site du ministère. Il vous faudra répondre à des questions concernant le stationnement extérieur, l'accès au cabinet, la signalétique, les marches, l'accueil du cabinet, les portes, la salle d'attente et de consultation, la circulation, les toilettes. En tout, une trentaine de questions, parfois assez techniques, afin d'obtenir votre diagnostic. Pour mieux comprendre les questions les plus techniques, je vous invite également à télécharger le guide destiné aux cabinets médicaux : www2.developpement-durable.gouv.fr/diagnostic-accessibilite/medical/sim_etape2.php

Commission consultative départementale de sécurité et d'accessibilité (CCDSA)

La CCDSA est une instance collégiale créée par arrêté préfectoral et dont le cadre juridique est défini par le décret n° 95-260 du 8 mars 1995.

La commission pourra évaluer la situation et rendre son avis. Vous devrez, de votre côté, faire preuve de bonne volonté ou d'ingéniosité en proposant des solutions alternatives. Expliquez par exemple que, dans le cas d'un handicapé moteur, vous pourrez assurer les séances chez la personne pour le même tarif.

Architecte/ingénieur en bâtiment

Vous pouvez aussi faire appel à un professionnel pour établir le diagnostic. Demandez un devis en fonction de la surface à diagnostiquer.

■ *Dérogations*

Des dérogations existent, que vous pouvez solliciter en même temps que la création ou la modification d'un ERP, en vous renseignant auprès de votre préfecture.

Ces demandes de dérogation s'effectuent en même temps que la demande de création ou de modification d'un ERP (lors de l'installation, par exemple). Dans ce cas, remplissez la partie 5.1 du formulaire ERP que vous trouverez à télécharger en PDF sur Internet.

Vous pouvez obtenir une dérogation préfectorale pour les motifs suivants :

- impossibilité technique ;
- contraintes liées à la conservation du patrimoine ;
- disproportion manifeste entre les améliorations apportées par la mise en accessibilité et leur coût, leurs effets sur l'usage du bâtiment et de ses abords (ou la viabilité de l'exploitation de l'établissement).

Par exemple, si vous avez un cabinet libéral au 3e étage sans ascenseur, vous êtes censé mettre votre local (ERP de 5e catégorie) aux normes. Si vous ne pouvez pas intervenir sur tous les critères de handicap (faute de place pour installer un ascenseur), vous déposerez une notice d'accessibilité pour les autres critères (meilleure signalétique, par exemple) ainsi qu'un dossier de demande de dérogation.

Vous l'aurez compris, le motif de dérogation peut être non seulement technique (cage d'escalier trop étroite pour accueillir un ascenseur) mais aussi financier s'il existe une vraie disproportion entre le coût des travaux et le revenu de votre activité. Votre demande sera donc motivée et explicite. En cas d'impossibilité technique, vous devrez faire certifier celle-ci par un architecte ou un ingénieur béton.

En savoir plus

Pour mieux connaître les règles d'accessibilité des ERP en faveur des personnes handicapées, vos obligations (telles que faire le point au bout d'un an), les dérogations, l'autodiagnostic de conformité aux normes et pour obtenir une attestation d'accessibilité (en ce qui concerne les ERP de 5e catégorie, dont nous relevons, une attestation sur l'honneur suffit) : www.service-public.fr/professionnels-entreprises/vosdroits/F32873

Déposer un dossier : www.service-public.fr/professionnels-entreprises/vosdroits/F32879

Dérogations aux règles d'accessibilité : www.handinorme.com/accessibilite-handicap/10-les-derogations-liees-l-accessiblite-pour-les-personnes-en-situation-de-handicap

Autres questions que vous vous posez : www.handinorme.com/accessibilite-handicap/15-profession-liberale-questions-frequentes

Guide édité par l'ordre des médecins (très clair, illustré de tableaux et de schémas simples et compréhensibles : www.conseil-national.medecin.fr/medecin/exercice/laccessibilite-cabinet-medical

La médiation de la consommation

Depuis 2016, tout sophrologue est dans l'obligation de proposer un service de médiation en cas de litige avec un client. Cela permet éventuellement d'éviter un procès et de régler le conflit à l'amiable à l'aide de la médiation. La médiation n'est pas très chère mais comme elle est obligatoire il faut y adhérer. Plusieurs syndicats proposent dans leur formule une médiation incluse dans les tarifs ou avec des tarifs négociés. Comptez environ 10 € par an.

Autres obligations juridiques

Pour ne pas vous attirer les foudres de la DGCCRF (Direction Générale de la Concurrence, de la Consommation et de la Répression des fraudes) qui contrôle régulièrement les auto-entreprises, notamment dans le secteur du bien-être. Il faut respecter les règles suivantes :

- Ne jamais se substituer à un professionnel de santé, je l'ai déjà évoqué. Donc attention aux termes employés sur vos supports de communication. Bannissez définitivement de près ou de loin les termes : patients, patientèle, recevoir en consultation (oui je sais c'est bizarre mais c'est comme ça), guérir, guérison et même soigner.
- Indiquer toujours que vos techniques ne se substituent pas à un acte médical.
- Ne pas parler de soulagement de la douleur (même si c'est le cas concrètement, on ne peut pas l'évoquer). Des termes ambigus risquent d'entraîner un redressement à cause « des réglementations de la pratique illégale de la médecine » : « *Tout mot du vocabulaire, qui rappellerait une action de cette liste, met obligatoirement le micro-entrepreneur en infraction avec la réglementation sur la pratique illégale de la médecine et sur des pratiques commerciales trompeuses et/ou dangereuses. Les conséquences sont très graves puisqu'au-delà des amendes (conséquentes), le micro-entrepreneur prend le risque d'être poursuivi au pénal avec une condamnation à de la prison ferme, et au civil avec des*

dommages et intérêts importants. » C'est ce qu'indique le site de l'UPSME où vous trouverez toutes les informations relatives à ce sujet : https://upsme.fr/2019/12/30/les-regles-de-bonne-conduite-des-micro-entrepreneurs-du-bien-etre/

- Ne pas évoquer que vous êtes diplômé, certifié ou agréé si ce n'est pas le cas. Les diplômes délivrés en sophrologie ne sont que des parchemins et en aucun cas un diplôme d'État ou universitaire (sauf passé à l'université). Le RNCP est un cursus certifié uniquement, je le rappelle encore mais parfois enfoncer le clou est important : ce ne sont pas les sophrologues mais l'établissement qui est RNCP.
- Les tarifs doivent être affichés dans la salle d'attente et dans votre salle avec la mention « ne se substitue pas à un professionnel de santé ».
- Les informations personnelles qui concernent vos clients (nom, adresse, etc.) doivent être conservées en lieu sûr et fermé.

L'installation d'un point de vue **financier**

Les investissements nécessaires

Question cruciale : combien va coûter mon installation ?

Nous l'avons dit, pour vous établir en tant que sophrologue, de la manière la plus spartiate qui soit, vous n'aurez besoin que de votre voix, d'une ou deux chaises et d'un téléphone.

Quoi que vous choisissiez, voici les dépenses qui me semblent indispensables pour vous installer dans de bonnes conditions.

Assurances

Moyennant une centaine d'euros par an, la souscription d'une assurance Responsabilité civile professionnelle (RC Pro) vous protège si vous êtes mis en cause pour des dommages (matériels, immatériels ou corporels) affectant vos clients où que vous exerciez.

Quelques exemples : quelqu'un glisse et se fait mal lors d'un exercice dans votre cabinet ; vous êtes attaqué par un client qui estime que vous n'avez pas bien fait votre travail ; vous renversez un verre d'eau sur son téléphone...

Toutes ces situations sont prises en charge par l'assurance RC Pro.

Elle n'est pas obligatoire, puisque la profession n'est pas réglementée, mais fortement conseillée, vous l'aurez compris. La responsabilité civile professionnelle s'applique aux dommages causés par la pratique professionnelle, sauf si la faute est volontaire bien sûr ou si elle vous incombe (même s'il existe, là encore, quelques exceptions). Parfois cette assurance est déjà comprise, comme dans le cas d'un portage salarial.

Bon à savoir

Si vous avez déjà souscrit un contrat multirisque professionnel, vérifiez que celui-ci n'inclut pas la garantie Responsabilité civile.

- *Si vous travaillez dans un cabinet extérieur*

Vous devez souscrire en plus une assurance pour votre local, même si vous partagez le cabinet avec d'autres professionnels : chacun doit prendre sa propre assurance.

Les tarifs varient en fonction de la surface à couvrir et du type d'assurance contracté (dégât des eaux, incendie, bris de glaces, vol, recours...).

Comptez environ 130-150 euros annuels pour une assurance multirisque couvrant une surface inférieure à 50 m^2.

Bon à savoir

Pour ses adhérents, la chambre syndicale de sophrologie a négocié avec Axa des tarifs préférentiels concernant les assurances RC Pro et locaux.

■ *Si vous exercez chez vous*

Votre contrat Habitation ne couvre pas les dommages résultant d'une activité professionnelle : si le client fait une chute, vous n'êtes pas couvert, sauf à souscrire un contrat multirisque professionnel dans votre contrat d'habitation principale. Dans ce cas, incendie et dégâts des eaux seront également couverts.

Que vous soyez propriétaire ou locataire, si vous résidez dans un immeuble, il faut que la copropriété prévoie dans son règlement la possibilité d'exercer une activité professionnelle.

Si vous êtes locataire, demandez à votre bailleur qu'il autorise l'exercice de la sophrologie dans la maison ou l'appartement loué.

Communication

Les **cartes de visite** sont un investissement indispensable, à distribuer sans modération.

La carte de visite doit refléter vos couleurs, votre style. Restez sobre pour pouvoir les distribuer aux entreprises, médecins ou autres mais suffisamment visible pour vous distinguer parmi d'autres cartes de visite.

Elle doit mentionner au minimum : vos nom et prénom, adresse, téléphone, site Web, domaine d'activité.

« TROP D'**INFORMATION** TUE L'**INFORMATION** »

Veillez à ne pas trop en ajouter, même si vous exercez plusieurs disciplines, car cela risque de vous desservir. Les clients recherchent un spécialiste et personne ne peut exceller dans tous les domaines. Une ou deux activités suffiront.

Des sites tels que Vistaprint, Canva, Logogenie offrent un vaste choix : formule standard, classique, de luxe, support ultra-épais, il y en a pour tous les goûts et toutes les bourses, à partir de 8 euros les 100 cartes. Voir aussi d'autres sites, plus chers mais plus originaux, comme www.moo.com/fr ou www.zazzle.fr

Du papier standard au bristol le plus chic, comptez entre 10 et 60 euros la centaine de cartes.

FAITES APPEL AUX **PROS** !

Vous pouvez également faire appel à un graphiste professionnel ou consulter un site tel que www.graphiste.com (graphistes en freelance). Vous créez votre demande sur le site et le ou les graphistes intéressés vous contactent. C'est une formule simple et efficace.

De nos jours il est difficile de se passer d'une vitrine, j'entends d'un **site Internet** qui reflète votre image et constitue soit une « carte de visite améliorée », soit un vrai site d'information/communication sur votre activité. En fonction de vos choix, les tarifs varieront entre une centaine d'euros et plus de 5 000 euros.

Si vous décidez de vous débrouiller seul, nombre de sites gratuits et simples d'emploi proposent des modèles à personnaliser. Ils offrent souvent des images libres de droits pour égayer vos visuels. Voici les mieux classés :

- https ://fr.simplesite.com
- https ://fr.wix.com
- https ://fr.wordpress.com avec certains modules gratuits et d'autres payants. Un peu plus complexe d'utilisation cependant.

Si vous avez besoin de photos, visitez quelques agences en ligne qui proposent des forfaits pour votre site commercial.

- www.shutterstock.com
- https ://fr.fotolia.com
- www.istockphoto.com/fr

MON CONSEIL

Je vous conseille de rigoureusement respecter la législation en matière d'image car le piratage de photos risque de vous coûter cher.

Soyez persuadés que, pour créer un bon site, il faut y consacrer du temps. Les textes, les couleurs, les photos, l'articulation des pages, l'orthographe : pensez à tout ! Idéalement, il est conseillé d'élaborer au préalable une maquette papier, comportant des liens entre les pages ; puis de la faire relire pour évaluer l'intérêt/la lisibilité des textes et du message, et corriger les coquilles ; enfin, le site une fois créé, revenez-y régulièrement pour le mettre à jour, l'améliorer et assurer son bon référencement dans les moteurs de recherche.

Il devra, nous l'avons dit, refléter votre image. Si vous voulez empêcher que des publicités « parasites » apparaissent sur votre site, je vous suggère d'adhérer à un service premium (une centaine d'euros par an) afin de vous faire héberger. Vous avez, en outre, la possibilité d'acheter votre nom de domaine, libellé à votre nom ou à celui que vous aurez choisi pour votre enseigne. Cela permet également d'avoir des adresses mail avec votre nom de domaine, ce qui fait plus professionnel qu'un gmail ou yahoo.

Des sites comme www.ovh.fr ou www.nomdedomaine.fr vérifient si le nom que vous visez est déjà utilisé et, dans la négative, le réservent pour vous. Ce nom de domaine (à ne pas confondre avec la protection d'une marque) vous coûtera entre 8 et 30 euros par an pour un .fr, .com ou .eu.

Vous pouvez aussi vous adresser à une société qui vous créera un site « sur mesure » pour environ 3 000 euros. Le tarif dépend du nombre de pages, de la complexité du site et des prestations de suivi. Certaines sociétés proposeront de vous référencer, de faire des mises à jour, d'autres vous organiseront une formation afin que vous puissiez prendre la main sur le site et le modifier à votre convenance. Tout est possible, demandez des devis.

Le référencement (en anglais : *Search Engine Optimization* ou *SEO*) est essentiel pour obtenir un bon positionnement, mais il est complexe et implique de définir nombre de critères, qui changent en permanence. Ainsi, la possibilité d'ajouter des actualités et de modifier vos pages est indispensable, c'est pourquoi, si vous déléguez la création de votre site à une société, exigez de garder la main et faites-vous expliquer comment remanier les pages. Il semble également préférable de créer un site avec plusieurs pages plutôt qu'une seule page en défilement, comme c'est la tendance actuellement, afin de bénéficier d'une meilleure visibilité sur la Toile.

Divers sites proposent un service de référencement, sous forme d'abonnement parfois (une dizaine d'euros par mois), afin d'améliorer votre visibilité sur les moteurs de recherche. Par exemple :

- www.referencement.com
- www.1and1.fr

Ils promettent d'optimiser la performance de votre site en termes de rapidité et d'indexation, avec création de mots-clés spécifiques. Autre service proposé : vous aider à créer une publicité avec des mots-clés pertinents sur Google Adwords. Malheureusement, il est difficile d'évaluer l'intérêt de ces services tant les critères de référencement évoluent en permanence sur les moteurs de recherche.

Les investissements à peser

Location d'un cabinet et ses à-côtés

Cet investissement (optionnel) sera le plus gros et variera considérablement en fonction de votre position géographique, de la durée de location et de la superficie du local.

Outre le loyer, n'oubliez pas les charges fixes : électricité, assurance de la salle que nous avons déjà évoquée, parfois ménage. Certains cabinets demandent de partager une secrétaire. À Paris, soit la ville la plus chère de France, pour un cabinet de 12 m^2 occupé 2 jours par semaine dans un quartier central, comptez environ 500 euros par mois. Nous l'avons évoqué, il existe différentes formules de location à l'heure.

En cabinet, vous pouvez également investir dans une plaque professionnelle sur la façade rue, cela fait plus sérieux (si vous avez l'autorisation et les moyens).

Les indications à mentionner sont au minimum vos nom, prénom, n° de téléphone et, si vous le souhaitez, le site Internet, votre ou vos professions et votre éventuelle certification.

La plaque doit se remarquer de loin, ne la surchargez pas d'informations.

Plexiglas, plastique, aluminium, laiton, vous avez le choix. Cependant, il existe parfois des contraintes esthétiques à valider avec la copropriété (dont vous aurez, nous l'avons dit, obtenu l'accord).

Les tarifs varient du simple au double mais, pour une belle plaque, comptez entre 100 et 300 euros.

Quelques sites pour commander des plaques professionnelles, avec choix du matériau, du design et de la typo :

- www.ma-plaque-pro.com
- https ://gravure-plaque.com
- www.avosplaques.com
- https ://tglcreation.com/110-plaque-pro
- www.creativ-sign.com/opti-plaque-profession-liberale-23.htm

Vous pouvez également faire appel à d'autres professionnels comme Signarama mais les prestations sont assez chères et pas toujours à la hauteur des tarifs.

Bon à savoir

- Veillez à écrire quelque chose de cohérent sur votre plaque professionnelle, c'est aussi votre image ! N'écrivez pas « diplômé en sophrologie » sauf si vous avez un DU.
- Certains cabinets sont loués meublés. Si ce n'est pas le cas du vôtre, il faudra investir dans du mobilier et de quoi décorer joliment votre cabinet : comptez au minimum 400 euros.
- Si vous avez un trajet à parcourir, comptez vos frais d'essence, de stationnement ou de cartes de transport.
- En fonction du statut choisi, vous supporterez éventuellement des coûts supplémentaires comme l'inscription à la Chambre de commerce et les frais de comptabilité.
- Laisser à disposition des flyers dans votre cabinet est une bonne idée, surtout s'il y a du passage : vous y expliquerez les indications de la sophrologie et vous vous présenterez. La chambre syndicale de la sophrologie propose des flyers déjà imprimés (12 euros environ la centaine de dépliants), il suffira d'y agrafer votre carte de visite ou d'apposer votre tampon. Enfin, pour environ 400 euros, un graphiste vous créera un modèle sur mesure. Veillez en tout cas à maintenir la nette cohérence du message et des visuels entre vos différents supports de communication.
- Ponctuellement, des flyers seront précieux si vous organisez un événement (atelier, conférence, formation) que vous souhaitez promouvoir.

Logo

Pourquoi ne pas investir dans la création de votre logo (environ 300 euros chez un graphiste) ? Des sites en ligne dits « gratuits » existent mais la créativité y reste limitée et souvent, au final, la prestation s'avère payante.

Publicité

Si vous avez davantage de moyens, offrez-vous des publicités sur les réseaux sociaux, dans les magazines, les annuaires, par affiches, à la radio ou pourquoi pas, à la télévision : nous avons le droit de faire de la publicité, autant en profiter !

L'installation **concrète**

Organisation

Chacun ses goûts et sa manière de faire, me direz-vous. Bien sûr, mais voici quand même quelques suggestions issues de mon expérience. Il m'est arrivé de commettre à peu près toutes les erreurs des débutants : vous en ferez vous aussi, le plus important étant de garder le sourire...

Si vous avez opté pour un cabinet

Que ce soit chez vous ou dans un lieu que vous louez, vous l'agencerez de façon à bien recevoir vos clients. Idéalement deux fauteuils ou chaises, assez larges pour accueillir confortablement des personnes de toutes tailles et corpulences. Une ou deux lampes, une couverture pour l'hiver, des rideaux (pour l'intimité et la lumière), quelques babioles... Placez les sièges l'un en face de l'autre, à un écart raisonnable, (1,50 m environ). Ni trop près ni trop loin pour respecter la bulle proxémique de chacun sans créer trop de distance.

La décoration du cabinet sera sobre et neutre. Des couleurs douces, une lumière tamisée, propice à la détente, semblent une bonne option. Mieux vaut ne pas surcharger, ni imposer de couleur criarde ou de senteur envahissante, ni afficher ses choix politiques ou religieux. Encens, images de Bouddha et musique indienne ne sont pas davantage cohérents avec la sophrologie. Pourquoi ? Parce que l'on demande à un client d'être le plus possible à l'écoute de ses ressentis. Une musique ou une odeur trop entêtantes peuvent parasiter cette écoute.

RECOMMANDATION

Je vous rappelle par ailleurs que moins le client en saura sur vous, sur vos opinions, votre vie privée, mieux cela vaudra. Je déconseille vivement les photos d'enfants, de conjoint, d'animal domestique qui risquent de susciter la curiosité. Toute question trop personnelle sera gentiment écartée pour revenir à l'essentiel : au client. Nous ne sommes pas là pour parler de nous. En tant que thérapeute, rester dans la neutralité est primordial pour créer le lien nécessaire à notre pratique.

Comme indiqué précédemment, il est plus difficile de garder cette neutralité si l'on reçoit un client chez soi. Veillez à laisser libre l'accès aux toilettes, à enlever le linge qui sèche dans le salon et à enfermer le chat... Je ne plaisante qu'à moitié.

Si vous vous déplacez chez le client

Tout d'abord, posez clairement les règles dès la prise de rendez-vous téléphonique afin d'éviter d'être dérangé à la première séance par l'aîné qui rentre du lycée avec ses copains.

N'oubliez pas d'emporter votre dossier, de quoi écrire et, si possible, un support pour prendre des notes.

RECOMMANDATION

Une fois sur place, je vous déconseille d'accepter le café qu'on vous offrirait : vous n'êtes pas là pour discuter ou copiner mais pour établir un lien thérapeutique et garantir sa stabilité ainsi que votre crédibilité.

Enfin, il me semble intéressant, comme l'avait suggéré une de mes formatrices, d'organiser un espace, une sorte de bulle dédiée à la sophrologie. Pour le client, il est plus difficile de se déconnecter chez lui. Aussi le fait de délimiter, avec quelques coussins par exemple, un lieu symbolique pour la sophrologie, peut aider. Demandez que le téléphone soit débranché et que rien ne risque de perturber la séance.

Si vous intervenez dans une entreprise ou dans une salle extérieure

Vous aurez probablement rencontré le commanditaire des séances et, dans l'idéal, visité le lieu. Il s'agit parfois d'une simple salle de réunion. L'essentiel est qu'elle soit au calme, isolée de toute interférence importune.

En hiver, assurez-vous que cette salle sera bien chauffée, il est très difficile de se détendre lorsqu'on est gelé. Demandez à l'avance un nombre suffisant de chaises ou de tapis en fonction de l'effectif des participants – y compris vous-même !

Une anecdote vécue : pendant quelques mois, j'avais pour client un luxueux cabinet d'avocats. Ils m'avaient octroyé pour les séances une belle salle vitrée, proche de la photocopieuse. Les collègues en passant collaient leur nez à la vitre et, malgré le va-et-vient, les discussions parfois vives et le bruit de la machine, mon vrai souci était de ne pas laisser les avocats s'endormir tant ils étaient épuisés.

Quels tarifs pratiquer ?

C'est un sujet délicat qui ne se règle pas en cinq minutes, si j'ose dire.

NE « CASSEZ PAS LES PRIX »

Comme le tarif va cristalliser symboliquement la valeur que vous vous accordez, je vous conseille de ne pas « casser les prix » : que vous le vouliez ou non, vos tarifs reflètent aussi votre valeur aux yeux des clients. Le plus simple, me semble-t-il, est déjà de se positionner en fonction des tarifs alentour : ni trop haut ni trop bas.

Trop bas, vous risqueriez de faire une concurrence déloyale à vos collègues. En outre, le client pensera : « Si Untel est à 10 euros de moins, c'est qu'il vaut moins et que son travail est moins bon. » Nous sommes ainsi faits que le prix assigne dans notre inconscient une valeur non objective à tel bien, tel service.

Personnellement, après avoir glané des conseils à droite, à gauche et beaucoup tergiversé, j'avais décidé de me positionner dans la moyenne haute, afin de ne pas perdre de clients si les sophrologues alentour étaient moins chers, sans non plus me dévaloriser.

Ensuite, une fois établies votre expérience et vos références, libre à vous d'augmenter. Il est toujours plus acceptable d'augmenter que de baisser des tarifs.

Certains sophrologues proposent des forfaits de 5 ou 10 séances prépayées. J'ai essayé mais ce système me paraît trop compliqué à gérer.

D'autres demandent des tarifs moins élevés pour les enfants, au motif que les séances sont plus courtes. Je ne le fais pas car j'estime que traiter des enfants requiert autant de travail et de préparation, voire davantage.

L'essentiel est d'être à l'aise avec le tarif que vous pratiquez, de ne pas en rougir et de vous sentir légitime mais pas lésé. N'oubliez pas qu'il vous faut non seulement dégager un revenu mais encore payer vos charges et l'investissement que constitue votre installation.

Le tarif rétribue également le temps de préparation des séances, non négligeable, surtout en début de pratique ou de spécialisation. Par la suite, si vous dépassez les 35 200 euros de CA par an, ce que je vous souhaite, il faudra ajouter la TVA sur chaque facture, ce qui reviendra à augmenter vos prix de 20 % sans pour autant que ce supplément aille dans votre poche.

Dois-je garder mon premier métier ?

Le fait de s'installer demande beaucoup d'investissement personnel. J'écoutais une interview du patron de Free, Xavier Niel, qui donnait ce conseil aux nouveaux entrepreneurs : pour débuter n'importe quelle entreprise ambitieuse, il faut être libre de tout engagement. Il voulait signifier par là qu'il faut avoir du temps, de l'énergie et s'investir à fond. Cela pose la délicate question : dois-je conserver mon premier métier et m'installer à mi-temps ou tiers temps, afin de développer progressivement ma nouvelle activité ?

Mon expérience est que, si l'on ne se donne pas tous les moyens de réussir, on ne peut pas vraiment y arriver. Certes, le fait de garder un autre métier est sécurisant et confortable mais, au final, il pourrait vous empêcher d'aboutir – du moins en l'absence d'une détermination à toute épreuve. En début d'activité, évidemment, vu le nombre restreint de clients, on a souvent besoin de conserver son poste antérieur pendant un an ou deux. Mais je crois fermement qu'à partir de la troisième année, il faut savoir trancher. Si votre pratique de sophrologue ne décolle pas, c'est probablement parce que vous ne mobilisez pas toutes vos ressources. Se faire connaître, construire son site Internet, peaufiner son image, démarcher les professionnels comme la clientèle exige du temps et de l'énergie.

Bilan

Être sophrologue, c'est être entrepreneur, c'est donc mettre toutes les chances de son côté. Quoi que vous décidiez, allez-y à fond : croyez à votre projet, portez-le car vous serez votre meilleur coach.

Chapitre 7

J'assume et je le fais savoir !

Objectif

Se faire connaître pour bien démarrer, au lieu de déprimer en attendant le client au cabinet.

« *Ne renonce jamais sans avoir essayé. Mais, si tu as vraiment essayé, donne-toi toujours le droit de renoncer.* Mantra »

Vous êtes sophrologue, la certification en poche, félicitations ! À présent, le plus dur mais aussi le plus passionnant reste à faire : exercer votre métier et, pour cela, trouver des clients !

Petit à petit, vous vous sentirez légitime dans ce nouveau rôle même si, au début, ce n'est pas toujours évident. Mettez vos doutes de côté, remontez vos manches et allez-y !

Je me crée une **identité**

Avant tout, il vous faut exister en tant que sophrologue, c'est-à-dire avoir au minimum une carte de visite et un site Internet. Vous pouvez également vous rendre visible sur les principaux réseaux sociaux, ou éditer des brochures. En plus d'être thérapeute et chef d'entreprise, considérez-vous désormais comme une marque, un produit qui doit séduire vos clients.

Vous avez à présent comme objectifs : d'une part, faire savoir que vous existez ; d'autre part, donner envie de venir vous consulter.

Communiquer est un enjeu majeur de votre réussite. Les influenceurs le savent bien, aujourd'hui plus que jamais avec les réseaux sociaux. Consolider votre réputation prendra un certain temps, il va falloir vous rendre crédible et, pour cela, peaufiner votre image : tous les détails comptent.

Avant de commencer posez-vous les questions suivantes.

Quel est mon message et à qui s'adresse-t-il ?

Un texte personnalisé a toujours plus d'impact qu'une déclaration générale. Évitez de copier-coller, comme c'est trop souvent le cas, des formules toutes faites sur la sophrologie. Les clients prendront rendez-vous autant pour vous que pour votre méthode et une description trop aseptisée de la sophrologie n'éveillera que peu d'intérêt. Laissez autant que possible transparaître votre personnalité et votre sensibilité à travers votre image. Nombreuses sont les personnes qui sont venues me voir sans recommandation au début, attirées simplement par un texte, une ambiance, une photo.

L'idéal est d'afficher votre définition à la fois de la discipline et de la façon dont vous l'exercez (ou souhaitez l'exercer). Prenez un temps de réflexion pour répondre à ces questions de manière personnelle : que signifie pour moi la sophrologie ? De quelle manière ai-je envie d'aborder les séances ? Qu'est-ce que je désire partager ? Que puis-je apporter en tant que thérapeute ?

Appuyez-vous sur votre vécu, vos valeurs, votre expérience de la sophrologie. Êtes-vous quelqu'un de patient ? Créatif ? Plutôt dynamique ? Votre message s'adresse-t-il particulièrement à des jeunes ? À des sportifs ? À des personnes âgées ? À des entreprises ?

Rédigez également votre portrait en quelques lignes, le plus simplement possible. Cette biographie succincte mettra en valeur vos qualités, que ce soit dans un travail antérieur ou dans un autre domaine. Il n'est pas toujours facile de parler de soi, faites relire ce portrait par des proches ; demandez-leur aussi de vous décrire, cela vous fournira d'autres pistes.

SOYEZ **SINCÈRE** !

Donnez le tout à relire et vérifiez, auprès de ceux qui ne connaissent pas la sophrologie, si votre message est clair. Soyez sincère, sans fausse modestie, inspirez confiance et déclenchez l'envie de venir vous consulter, tout simplement. Enfin, ne laissez subsister aucune faute d'orthographe !

Quelle image est-ce que je véhicule ?

Il vous faudra établir une cohérence entre ce message et votre image. Sur le premier site que j'avais mis en ligne, souhaitant montrer une image sérieuse compensant probablement mon manque d'expérience, j'avais écrit un texte dense et complexe sur ma méthode. Pour la photo, je m'étais habillée en chemisier bleu sur un fond blanc ce qui ajoutait un aspect froid, quasi médical qui ne collait pas avec ma philosophie. Heureusement, un regard extérieur bienveillant m'a fait comprendre que cela risquait de me desservir. J'ai changé les couleurs, l'atmosphère du site, et au fur et à mesure, il a commencé à davantage me ressembler, mais cela prend du temps, c'est un peu comme pour décorer son cabinet.

L'importance des couleurs

L'œil est habitué à des codes couleur, les publicitaires le savent bien, c'est pourquoi l'originalité en ce domaine n'est pas vraiment souhaitable car nous attribuons de manière inconsciente et immédiate une signification à une couleur : autant utiliser ce réflexe à votre avantage.

> *« Une recherche de l'Institute for Color Research menée en collaboration avec l'université de Winnipeg a démontré que les consommateurs n'ont besoin que d'un maximum de 90 secondes pour se faire une opinion sur un produit quant à sa valeur, à sa fiabilité, etc., et que la couleur compte pour 62 à 90 % dans ce résultat. »*

Ainsi, une mauvaise utilisation des couleurs peut détourner instantanément un client de votre site Internet s'il ne perçoit pas le message attendu. Même si vous adorez le rouge, cette couleur agressive ne convient guère à une thérapie visant le bien-être. Ne choisissez donc pas en fonction de vos goûts mais recherchez la cohérence entre le message à faire passer et l'effet produit par telle ou telle couleur.

Voici les connotations véhiculées par les couleurs le plus souvent utilisées dans les messages se rapportant au bien-être :

- *Bleu : fraîcheur, calme, liberté*

Avec le bleu, aucun risque de se tromper, c'est la couleur préférée à travers le monde ! Elle est par conséquent plébiscitée dans la communication des entreprises (Facebook, HP, Dell, American Express, Twitter, Viadeo...). Couleur de la mer, du ciel, elle est associée au calme, au bien-être.

ADOPTEZ LA BONNE NUANCE !

Le bleu comportant de nombreuses nuances, je vous conseille un bleu ciel assez clair plutôt qu'un bleu nuit, plus froid. Outre qu'il donne confiance, il est associé à l'idée d'évasion, de voyage — de voyage intérieur, notamment.

Utilisation du bleu

Le bleu, source d'évasion et de sérénité, convient à toute forme de sophrologie comme à tous publics.

■ *Vert : nature, chance, espérance*

Le vert est reposant, c'est la couleur de la nature par excellence, celle de l'herbe, du printemps. Il a de puissantes vertus calmantes. Ainsi, au Japon, une nouvelle thérapie cartonne : les « bains de forêt » (*shinrin-yoku*).

MISE EN **GARDE**

C'est une couleur ambivalente : selon certains, elle porte chance, comme l'attesteraient les tapis de casino. Mais beaucoup d'artistes croient qu'elle porte malheur. Les comédiens au théâtre ne portent pas de vert, couleur des démons et des sorcières au Moyen Âge.

Pour autant, c'est aussi la couleur de l'espoir et un symbole de santé : témoin le feu vert du code de la route, la croix verte des pharmacies.

Utilisation du vert

Appropriée à l'environnement du développement personnel et des thérapies douces, donc à la sophrologie et plus encore si vous travaillez pour le milieu médical.

■ *Jaune : gaieté, chaleur, dynamisme*

Avec le jaune, vous envoyez un message d'optimisme, de chaleur comme celui du soleil, des tournesols, de l'été ! C'est une couleur tonique, qui donne le sourire et permet de s'évader.

Utilisation du jaune

Adaptée à ceux qui veulent travailler pour les centres de loisirs et, d'une manière générale, pratiquer le coaching, le développement personnel. Elle convient à la sophrologie mais pensez à l'associer à des couleurs plus apaisantes.

■ *Violet : imaginaire, spiritualité, mystère*

Associée à la vie de l'esprit, souvent en rapport avec la méditation, l'introspection, cette couleur suscite le mystère. C'est aussi la couleur de l'autorité, portée par les évêques de l'Église chrétienne, et celle du deuil puisque l'on recouvrait les défunts d'un drap violet.

Utilisation du violet

Elle peut convenir à la sophrologie mais attention à ne pas l'encombrer d'accessoires *New Age* sous peine de déraper vers le fantastique. Si vous souhaitez privilégier le développement personnel de vos clients, elle sera adaptée à cet objectif de charisme et d'élévation spirituelle.

- *Orange : énergie, dynamisme, action*

Couleur chaude, mélange de rouge et de jaune, l'orange évoque l'automne et les feuilles qui tombent mais aussi le soleil, l'entrain et la créativité joyeuse. C'est une couleur de communication, qui se distingue facilement de son environnement.

Utilisation de l'orange

Particulièrement adaptée si vous travaillez avec des sportifs ou des centres de remise en forme. Stimulant la bonne humeur, elle convient à une thérapie qui se veut dynamique.

- *Rose : tendresse, féminité, bonheur*

Le rose est associé à la douceur, à l'enfance, à la sentimentalité. Il donne envie de tendresse et apaise : ne dit-on pas « voir la vie en rose » ?

Utilisation du rose

Si vous êtes créatif dans votre pratique ou travaillez avec des femmes enceintes ou des enfants, le rose conviendra bien à votre image. Il donne une vision apaisante et féminine de la sophrologie.

■ *Brun : solidité, naturel, confort*

Chaud comme la terre ou le bois, simple et noble, le brun évoque la nature, il rassure.

Utilisation du brun

Seul, il risque de paraître fade. En revanche, associé à quelques teintes vives, il conviendra particulièrement si vous travaillez dans un univers plus masculin ou recherchez une touche authentique et naturelle.

■ *Noir : élégance, mystère, tristesse*

Le noir, mélange de toutes les couleurs, les absorbe toutes. Évocateur des ténèbres, couleur du deuil en Occident, il est associé au mystère mais aussi à la distinction. Il porte à l'introspection, symbolise l'hiver et l'espoir du renouveau.

Utilisation du noir

Sobre, rigoureux, il sera approprié aux prestations haut de gamme et aux interventions dans les milieux du spectacle.

■ *Rouge : amour, sensualité, danger*

Le rouge est la deuxième couleur la plus aimée au monde, peut-être parce qu'il stimule les passions : offrir des roses rouges, vous le savez, signifie que l'on aime à la folie. Symbole du feu, de l'incandescence, il provoque, voire excite (et pas seulement les taureaux). On l'associe aussi au danger et à la colère.

Utilisation du rouge

Pas vraiment adaptée à la sophrologie à cause des connotations de violence. Cela dit, quelques touches de rouge seront bienvenues si vous travaillez dans le domaine du sport, attaché aux valeurs de force et de courage.

- *Turquoise : fraîcheur aquatique, légèreté*

Mélange de bleu et de jaune, tirant sur le vert, il évoque la pureté et la fluidité des eaux transparentes.

Utilisation du turquoise

Adaptée à la sophrologie d'une manière générale, la couleur turquoise semble encore plus indiquée si vous travaillez avec des centres de bien-être, de thalasso ou des agences de voyages.

- *Blanc : pureté, douceur*

Une couleur sans couleur, de la lune, de la lumière pure. Elle symbolise bien sûr l'innocence, la paix. Pour les taoïstes, le blanc représente la sérénité, le calme. En Inde, c'est une couleur divine associée aux rites funéraires.

Utilisation du blanc

Parfaite pour tout support car sa neutralité a un effet reposant qui estompe les émotions.

CHOISISSEZ **VOS COULEURS** !

Si vous hésitez sur le choix des couleurs, prenez le temps de réfléchir aux valeurs, au message que vous souhaitez transmettre, ainsi qu'au public visé. Si vous utilisez ces couleurs pour votre site Internet ou vos supports de communication, ne panachez pas trop : 3 à 4 couleurs au maximum, tout en préservant la cohérence entre les différents supports.

L'importance de la photo

Un gros plan au flash, qui révèle un visage luisant, n'est pas vraiment réjouissant. Un selfie ne fait pas professionnel, pas plus qu'une photo de vacances, cheveux au vent. Et, sauf si vous êtes un pro de Photoshop, un portrait retouché se voit au premier coup d'œil. Bref, vous l'aurez compris, je suis adepte des photos réalisées par un professionnel (peut-être une survivance de mon premier métier). Mais l'investissement sera rentable à long et moyen terme car vos photos paraîtront sur différents supports : site Internet, réseaux sociaux, publicité, flyers, CV, etc. Si vous avez un cabinet, profitez-en pour le faire photographier, avec et sans vous.

Sur la photo, un franc sourire pour donner confiance en vos qualités d'écoute et de bienveillance, et susciter l'envie de vous rencontrer. Vous pouvez bien sûr ne mettre aucune photo mais cela risque de vous desservir.

Le logo

Le logotype est optionnel et doit, là encore, refléter votre image et votre activité. Si vous souhaitez travailler pour des entreprises, il sera intéressant d'y réfléchir. On observe des modes dans les logos (lettres coupées, couleurs, typo...) mais vous n'êtes pas obligé de les suivre. La simplicité me semble le meilleur choix, à la fois pour la forme et pour les couleurs. Vous pouvez utiliser tout simplement vos initiales ou trouver un design accordé à votre activité.

Quelques exemples de logos cohérents avec le sens donné à la marque :

- Tinder, dont le logo est une flamme stylisée, symbole de passion (notez la couleur orange).
- SoundCloud, dont la moitié du nuage a été transformée en ondes radio.
- L'ingénieux fantôme de Snapchat, dont les photos disparaissent (avec le jaune qui symbolise ici, entre autres, la créativité, entouré de noir, plus sérieux).

Vous pouvez en réaliser gratuitement sur Internet, la plupart des sites proposent ensuite des versions payantes si vous souhaitez une image en haute résolution.

Quelques adresses de sites fiables pour réaliser vos logos rapidement, parfois avec utilisation gratuite limitée et, pour une dizaine d'euros, avec haute résolution et droits d'utilisation :

- www.tailorbrands.com
  Entrez votre nom et un slogan, puis choisissez dans la liste déroulante votre type d'activité : vous visualiserez de nombreuses propositions types, dont vous pourrez modifier les couleurs.

- www.graphicsprings.com/fr
  Entrez le nom de votre activité puis sélectionnez un thème. Vous pouvez ajouter des formes. Rapide à faire, avec un choix satisfaisant.
- https ://hipsterlogogenerator.com
  Les logos sont simples mais élégants, même s'il y a peu de choix : cela permet d'aboutir rapidement à un logo de qualité, sobre et efficace.
- www.logogenie.fr
  Le principe est le même, avec une grande variété d'images.

Vous pouvez également commander votre logo à un graphiste, comptez alors dans les 300-400 euros. Le logo sera réalisé en tenant compte de votre identité visuelle.

Un logo réussi est simple et ne contient qu'une à deux couleurs maximum. Il doit pouvoir se décliner sous plusieurs formes pour convenir à tous vos supports de communication : carré, rond, rectangulaire, pourquoi pas, avec transposition de couleurs.

La typographie

Pour une identité visuelle homogène et reconnaissable, utilisez la même typographie sur tous vos supports de communication.

ÉLABOREZ VOTRE **IMAGE DE MARQUE** !

Couleurs, logo, typo... autant d'éléments constitutifs de la charte graphique d'une entreprise : la vôtre ! Si vous souhaitez vous développer comme une marque, accordez-leur toute l'importance qu'ils méritent.

Je construis ma stratégie de **communication**

Comment élaborer une stratégie qui permette d'atteindre vos objectifs ? Voici plusieurs éléments à prendre en compte avant de commencer. Répondez point par point aux questions suivantes :

- À qui s'adresse votre communication ?
- Quels sont vos clients et vos prescripteurs potentiels ?
- Quel message souhaitez-vous leur transmettre ?
- Quels sont vos objectifs ?
- Quel est votre budget ?
- De quels délais disposez-vous ?

En fonction des réponses, vous déterminerez les meilleurs supports de communication pour telle ou telle cible.

Cette stratégie de communication est capitale car elle fournit une visibilité sur les semaines ou les mois à venir, et sur ce que vous allez mettre en place : e-mailing, événements à organiser par rapport à l'actualité, site Internet, campagnes de publicité...

Prospection directe

Il vous faudra distinguer entre clients potentiels et prescripteurs potentiels. Mieux vaudra segmenter cette prospection en fonction de vos recherches et de l'activité que vous souhaitez développer.

Les clients

Ceux qui viendront consulter à titre individuel ; en gros, potentiellement tout le monde ! Ils deviendront parfois prescripteurs, mais dans un second temps.

Les structures dans lesquelles vous souhaitez intervenir : entreprises, hôpitaux, centres de bien-être ou autres.

Le bouche-à-oreille

C'est la meilleure des publicités mais elle ne se mettra en place que progressivement. Encore le résultat est-il très aléatoire car, à degré de satisfaction égal, certains clients ne parleront à personne de leurs séances tandis que d'autres vous adresseront toute leur famille, leurs amis et leurs collègues... Vous ne pouvez compter que sur la chance pour bénéficier de l'« effet boule de neige » déclenché par un client. Cela dit, avec le temps, le bouche-à-oreille renforcera votre réputation professionnelle et votre autorité.

Les prescripteurs

Ce seront tous les professionnels de santé ou de bien-être qui pourraient vous envoyer des clients (pharmaciens, ostéopathes, kinés, chiropracteurs, médecins généralistes, psy, naturopathes, sages-femmes, infirmiers scolaires...), la plupart du temps dans votre périmètre géographique.

De mon expérience, à partir de la deuxième année d'activité environ, 20 % des clients prenaient rendez-vous parce que quelqu'un leur avait parlé de mon cabinet et cela a augmenté de manière exponentielle si bien qu'à partir de la quatrième année plus de 85 % de mes clients venaient sur recommandation (émanant de clients, médecins, psychologues, etc.). Aujourd'hui le pourcentage est encore plus important. Je n'ai pas les chiffres exacts mais environ 5 % seulement de mes nouveaux clients viennent sans recommandation.

Comment prospecter ?

Grâce aux Pages jaunes ou à Google, vous pouvez faire une recherche locale (voir chap. 6, p. 127). Mais une simple promenade, l'œil rivé sur les plaques professionnelles que vous croiserez, suffira pour relever les noms et numéros de téléphone pertinents. Voici plusieurs façons de prospecter.

Je me déplace

Présentez-vous tout simplement dans les lieux porteurs et distribuez vos cartes de visite ou prospectus.

Je téléphone

Essayez d'obtenir un rendez-vous pour vous présenter au professionnel de santé. Le plus difficile sera de passer le barrage de la secrétaire, surtout chez les généralistes, qui n'ont pas beaucoup de temps à vous consacrer – et on les comprend ! Ne désespérez pas pour autant.

RECOMMANDATION

Si vous n'êtes pas à l'aise au téléphone, je vous conseille de préparer un bref canevas écrit et de sourire avant de décrocher le combiné : votre voix sera différente, les commerciaux le savent très bien. Si vous souhaitez intervenir en entreprise, demandez le service Ressources humaines ou le CE (comité d'entreprise).

J'envoie des e-mails

Pour éviter que vos courriels ne finissent parmi les spams, ciblez des destinataires précis, identifiés par leur nom et leur @dresse personnelle. Rédigez des textes aussi individualisés que possible, avec un lien renvoyant à votre site Internet.

J'envoie des courriers papier

Le procédé, plus long et plus coûteux, se révélera intéressant si vous préparez un événement, comme la soirée d'ouverture de votre cabinet.

Je suis présent dans les salons

Il en existe une multitude : salon Zen, salon du Bien-Être, des Entrepreneurs, Marjolaine ou tout événement en rapport avec votre spécialisation.

MUTUALISEZ VOS COÛTS !

Si vous ne pouvez pas vous offrir un stand (les tarifs sont assez élevés), pourquoi ne pas le partager ? Vous pouvez aussi participer à des conférences, des ateliers ou simplement flâner dans les allées et distribuer vos cartes de visite.

Quelques conseils si vous décrochez un rendez-vous en entreprise

Avant l'entretien, préparez une pochette qui contiendra :

- votre curriculum vitae ;
- votre attestation de formation ;
- votre certification du cursus RNCP si vous l'avez (un vrai « plus » en entreprise).

Recensez les objectifs susceptibles d'intéresser la structure dans laquelle vous vous présentez ; là encore, adaptez-vous à l'univers et aux besoins de l'entreprise, par exemple :

- améliorer le sommeil ;
- gérer le stress ;
- prévenir/réduire les troubles musculo-squelettiques (TMS) ;
- aider à la cohésion de groupe ;
- se sentir confiant lors d'une prise de parole en public ;
- développer son adaptabilité : lors du déménagement du siège social, d'un changement de direction, d'un travail en open space, etc.

ADAPTEZ VOTRE **VOCABULAIRE** !

Évitez de parler de thérapie ou de visualisation positive durant l'entretien et préférez un vocabulaire adapté à l'entreprise : « méthodes », « techniques », « atteinte d'objectifs », « performance ».

Soyez pertinent et parlez chiffres : combien coûte le stress en entreprise ? Vérifiez les dernières statistiques. Sachez que, si 71 % des entreprises françaises s'inquiètent des effets négatifs du stress, tant financièrement que psychologiquement, 65 % des directions des Ressources humaines ne proposent encore rien pour remédier au problème. Soyez convaincant, il y a tout à faire !

RECOMMANDATION

Si vous souhaitez vous adresser aux entreprises, je vous conseille d'avoir une carte de visite sobre : évitez les champs de tulipes, les galets ou les images de méditation.

Lors de vos formations, vous avez probablement appris à établir un devis, un protocole adapté à l'entreprise. Dans la négative, pourquoi ne pas suivre une spécialisation sur ce sujet ?

Souvent, on vous proposera de programmer vos interventions sur site durant la pause déjeuner ou après le travail. Il faudra pouvoir les inclure dans votre emploi du temps, surtout si ces séances sont régulières, pensez-y !

Prospection indirecte

Il ne s'agit pas ici de faire venir le client chez vous mais de lui montrer que vous existez sans directement le contacter.

J'utilise les réseaux sociaux

Aujourd'hui, il serait dommage de ne pas investir les réseaux, ils sont votre vitrine, une chance de développer rapidement votre activité.

MISE EN **GARDE**

Pour ce genre de support, je déconseille la prospection directe car les gens en ont assez d'être sollicités par des commerciaux en tout genre (pas vous ?) et cela n'apporte qu'un très faible taux de retours, vous risquez de perdre votre temps. Préférez une stratégie indirecte.

Cette prospection indirecte permettra de montrer à vos clients-cibles un éventail choisi de vos prestations (conseil, services, supports multimédias...) avec, si possible, les témoignages de vos clients.

Commencez par créer une page Facebook au nom de votre entreprise, puis invitez des personnes via LinkedIn ou Viadeo, et publiez des actualités sur Twitter ou Instagram. À partir de là, vous pourrez créer un réseau, envoyer des invitations, des messages privés, *liker* des publications (les dernières découvertes en neurosciences, l'utilisation de la sophrologie pour préparer le bac, ou toute actualité susceptible d'attirer l'attention sur votre pratique), publier sur votre activité et donner envie d'en savoir plus, pourquoi pas en renvoyant vers la page d'actualité de votre site Internet.

Si vous avez le temps, menez un vrai travail de *Community Manager*, allez surfer sur les forums, les hubs en lien avec le développement personnel, le bien-être, la thérapie, exprimez votre avis, répondez aux questions, donnez envie de tester la sophrologie afin d'être contacté.

Sachez cependant que cette activité prend du temps, au minimum une heure par semaine, idéalement une heure tous les deux jours, voire davantage.

Certains réseaux comme LinkedIn proposent des formules payantes permettant d'envoyer des messages privés. C'est assez cher mais vous pouvez profiter d'un mois d'essai gratuit.

J'utilise les annuaires en ligne

En 2015, la chambre syndicale de sophrologie a assigné les Pages jaunes car, à la rubrique « sophrologie », était apposée systématiquement la mention « pratique hors d'un cadre réglementé ». Aujourd'hui, cette mention inexacte a disparu. L'annuaire des Pages jaunes propose plusieurs formules. Une formule gratuite avec juste votre nom et votre activité. Un pack photo à 25 euros par mois pour ajouter une photo, votre adresse, la description de votre activité et un référencement sur les moteurs de recherche type Google ou Yahoo! Un pack premium à 30 euros avec les mêmes prestations, plus un positionnement prioritaire sur la page d'écran. Les prix grimpent vite si vous voulez faire apparaître un lien vers votre site Internet, si vous souhaitez avoir un site Internet des Pages jaunes ou profiter de la formule Click rendez-vous (prise de rendez-vous en ligne). En général, vous serez contacté par un commercial mais vous pouvez aussi lancer la démarche et demander un devis.

D'autres annuaires professionnels, dont les plus connus :

- Annuaire thérapeutes (www.annuaire-therapeutes.com) recense 30 000 professionnels de médecines alternatives. La simple mention dans l'annuaire est gratuite. D'autres formules sont proposées, comme les coordonnées complètes pour 5 euros par mois, un forfait pro à 7 euros par mois (avec agenda et référencement) ou à 19 euros par mois (avec prise de rendez-vous en ligne et rappel de rendez-vous par SMS).
- Médoucine (www.medoucine.com) : spécialiste des médecines douces. Les thérapeutes sont classés par spécialité (dont la sophrologie). Médoucine garantit la qualité des thérapeutes mentionnés car leurs titres et expériences sont validés. Le client peut prendre rendez-vous directement en ligne. Pour connaître les tarifs, inscrivez-vous sur le site afin qu'un commercial vous appelle. Cependant l'inscription à l'annuaire ne garantit pas d'avoir des clients, loin de là.
- 1 001 docteurs (https ://1001docteurs.com) : annuaire des spécialistes de santé et thérapies complémentaires comme la sophrologie. Si vous adhérez à la chambre syndicale de sophrologie, vous figurerez directement dans cet annuaire (avec logo, présentation des fiches en tête de liste et prise de rendez-vous en ligne gratuite). En effet, son propre annuaire ayant été piraté en 2017 (l'internaute était redirigé vers des sites à caractère pornographique), la chambre syndicale a décidé d'adhérer à 1 001 docteurs, site qu'il faut espérer plus sécurisé.
- Doctolib (www.doctolib.fr) : site payant assez cher puisque l'abonnement est à 109 euros par mois pour les mêmes prestations avec agenda de prise de rendez-vous en ligne et rappel par e-mail et/ou SMS. Ce site est particulièrement destiné aux professionnels de santé.

Citons également Médecines douces, Annuaire bien-être et d'autres...

J'utilise les moteurs de recherche

Pour faire connaître votre site Internet, vos événements et actualités, vous pouvez publier sur Google +, Facebook, LinkedIn, Instagram, Twitter ou autres.

ALIMENTEZ LES **MOTEURS DE RECHERCHE !**

N'oubliez pas de référencer votre adresse de consultation sur Google Mail et Google My Business. Une fois la démarche validée par l'envoi d'un courrier, votre cabinet apparaîtra dans Google My Business. Vous pourrez ajouter des photos, afin d'être plus visible sur les moteurs de recherche.

J'investis dans la publicité

Vous pouvez, là encore, recourir à la prospection directe et imprimer des flyers, les distribuer, les envoyer par la poste ou par e-mail. Ou encore faire de la prospection indirecte : acheter des publicités sur Google Adwords ou autre support, pourquoi pas des publicités dans des magazines si vous avez les moyens, des encarts dans le magazine municipal ou sur tout autre support qui vous semble intéressant.

Une fois installé, vous serez probablement contacté par des sociétés organisant des reportages pour divers magazines, avec la possibilité d'y inclure des photos de vous et de votre cabinet. On affirmera vous avoir choisi parmi tant d'autres sophrologues pour bénéficier de cette incroyable opportunité. Il s'agira souvent hélas d'une offre commerciale, aussi décevante que mensongère. La prestation, hors de prix (comptez 3 000 euros pour un reportage), vous apportera un peu de notoriété mais rarement des clients.

Bilan

Voilà, vous disposez à présent de toutes les clés pour faire savoir que vous existez et valoriser votre image. Ayez dès aujourd'hui des cartes de visite dans votre poche et soyez prêt à dégainer à la première question : « Qu'est-ce que tu fais dans la vie ? » Là, ne ratez aucune occasion, sous aucun prétexte : la fête des voisins, le barbecue de Bernard, la kermesse (eh oui, même la kermesse), les réunions Tupperware. Lors de vos rendez-vous chez le coiffeur, vous avez vos cartes à portée de main. *Idem* chez le dentiste, dans le taxi, chez le boulanger, à la pharmacie, chez le pédiatre. Vous êtes sophrologue ! Et désormais le monde entier va le savoir !

Chapitre 8

Sophrologue, et quoi d'autre ?

Objectif

Connaître les pratiques complémentaires à la sophrologie.

> *La meilleure façon de prédire l'avenir est de le créer.*
> Abraham Lincoln

Et si la sophrologie ne vous suffisait pas ?

La sophrologie constitue un métier à part entière, d'autant qu'il existe de nombreuses spécialisations, mais il peut être intéressant de la coupler avec d'autres disciplines comme l'hypnose, la PNL, le coaching, l'EFT, afin d'élargir votre public et de varier les plaisirs dans votre façon de pratiquer. Toutes ces méthodes sont complémentaires et ajoutent à votre enrichissement personnel ainsi qu'à votre offre.

Je vous propose ici brièvement de faire le tour des méthodes qualifiées de « thérapies brèves » et susceptibles de compléter un accompagnement en sophrologie : en effet, vous rencontrerez tous types de profils et d'individus, avec des problématiques et des façons de fonctionner différentes. Plus vous aurez d'outils pour vous adapter à chaque personnalité, plus votre intervention sera efficace et cohérente, et plus les personnes se sentiront comprises et bien accompagnées. Comme je l'ai déjà indiqué, il est indispensable de continuer à se former. Personnellement je m'octroie au moins une formation ou spécialisation chaque année, d'autant que vous cotisez pour cela et pouvez obtenir des aides, alors autant en profiter.

Les principales méthodes **complémentaires**

La thérapie brève : l'école de Palo Alto

Avant de développer les différentes méthodes, j'aimerais rapidement présenter le mouvement qui est à l'origine de la thérapie familiale et de la thérapie brève : l'école de « Palo Alto », qui a influencé toutes les approches que j'évoquerai par la suite.

L'école dite de Palo Alto (du nom d'une ville californienne, proche de San Francisco) a vu le jour vers 1950. L'initiateur en est Gregory Bateson, zoologue, anthropologue et ethnologue, auquel se rattachent de nombreux chercheurs et psychothérapeutes. Ils développent la théorie de la « double contrainte » *(double bind)*, considérant la maladie mentale comme un mode d'adaptation à une « structure pathologique des relations familiales », ce qui va à l'encontre des conceptions traditionnelles de la psychiatrie. Cette théorie donnera naissance à la thérapie familiale.

En 1959, Don Jackson fonde le Mental Research Institute, qui a pour vocation d'étudier les implications thérapeutiques de cette approche. Paul Watzlawick, philosophe et psychothérapeute autrichien, Richard Fisch, psychiatre, rejoignent l'Institut et les travaux du groupe de Bateson se poursuivent dans cette optique.

Le modèle va également évoluer au gré d'autres influences, comme celles de Bertrand Russell, père de la « théorie des types logiques », et de Milton Erickson, et donnera naissance vers la fin des années 1960 au Centre de thérapies brèves. Nous y sommes ! Si jusqu'alors les psychothérapies traditionnelles ciblaient les causes/les origines des problèmes du patient, les approches systémiques et stratégiques privilégient désormais *la façon dont les problèmes se manifestent dans le présent*, leurs symptômes, et elles utilisent le contexte actuel pour les résoudre. Le thérapeute définit un objectif précis avec son client et élabore une stratégie pour modifier les interactions problématiques, qu'elles soient relationnelles ou comportementales.

Vous le constaterez en les étudiant, toutes ces méthodes s'interpénètrent et se complètent. L'individu est considéré dans son environnement et en fonction des interactions qu'il entretient avec autrui. Le fait de changer des systèmes mis en place, grâce au thérapeute, va permettre de modifier des comportements répétitifs ou d'échec.

L'hypnose

Rappelons qu'Alfonso Caycedo avait commencé à pratiquer l'hypnose en hôpital psychiatrique : c'est en faisant entrer ses patients en état de conscience modifiée qu'il s'est rendu compte de la puissance de cette méthode. L'hypnose, nous l'avons dit, avait alors mauvaise réputation. Aujourd'hui encore, associée à tort à l'hypnose de spectacle, elle inquiète. Le fait d'être sophrologue se révèle un atout car des personnes peuvent vous consulter par le biais de la sophrologie et, une fois mises en confiance, soit dès la première séance, soit après plusieurs interventions, se sentent prêtes à essayer l'hypnose. Pour vous, en tant que sophrologue, ce sera un jeu d'enfant de faire entrer quelqu'un dans cet état d'hypnose puisque vous savez déjà faire des inductions. La technique est différente et le résultat parfois vraiment rapide et étonnant mais la méthode est simple à mettre en place pour un sophrologue. Elle vous permettra également de ne pas vous ennuyer dans votre pratique et d'accompagner davantage de clients puisque tous ne sont pas prêts à s'entraîner chez eux comme le demande la sophrologie, ni à faire des exercices physiques.

Il faut vraiment démystifier l'hypnose et bien intégrer que c'est un état naturel que chacun traverse plusieurs fois par jour, lors d'une rêverie par exemple, dans les transports, en conduisant, en marchant. Apprendre à provoquer cet état est plutôt rapide mais savoir l'utiliser à bon escient exige de l'expérience. Il existe cependant différents niveaux et techniques qu'il sera judicieux d'utiliser en fonction des besoins et des personnes.

L'hypnose pourrait avoir été utilisée depuis l'apparition du langage puisque c'est une méthode de communication. Des indices dans des manuscrits sumériens ou sur des bas-reliefs égyptiens permettent de penser que les médecins utilisaient une technique voisine de ce que l'on appelle aujourd'hui hypnose. Dans nombre de cultures, la méditation s'apparente à l'autohypnose, ce n'est pourtant pas la même chose et l'amalgame est vite fait. Les états de conscience modifiés (ECM) sont utilisés à différentes fins et parfois induits par des plantes psychotropes, non par le langage, le but n'étant pas toujours thérapeutique : transes des chamans, cérémonies des sorciers africains, rituels des Inuits, des Indiens, des Aborigènes...

En Occident, l'histoire de l'hypnose débute vraiment avec Franz Anton Mesmer, médecin viennois venu à Paris à la fin du XVIIIe siècle. Il utilise des passes magnétiques provoquant ce qu'il appelle une « crise magnétique ».

À mesure que la discipline se constitue, on convient que l'hypnotiseur, loin d'user de pouvoirs spéciaux, *met en œuvre une technique* pour faire entrer une personne en ECM afin qu'elle trouve la solution à ses problèmes. Des expériences intéressantes sont pratiquées en anesthésie avec l'hypnose, d'abord par le médecin français Jules Choquet (1829), puis par le chirurgien écossais James Braid, mais elles sont vite supplantées par les premiers anesthésiants, dont l'éther ou le chloroforme. Aujourd'hui, l'hypnose revient à l'hôpital pour permettre une anesthésie plus légère, mieux gérer les effets secondaires et récupérer plus vite d'une opération.

Cette hypnose médicale, qui cible la gestion de la douleur, est réservée aux professionnels de santé. En cabinet, vous utiliserez l'hypnose à d'autres fins, souvent identiques à celles de la sophrologie, avec en plus la gestion de traumatismes anciens, plus adaptés à l'hypnose qu'à la sophrologie.

On distingue quatre grands types d'hypnose : l'hypnose traditionnelle ou classique, la plus directive. C'est aussi la plus ancienne, dont dérivent l'hypnose de spectacle (dite rapide) et l'hypnose de rue (dite instantanée).

Elle peut être utilisée pour des anesthésies mais on l'enseigne peu en France et c'est surtout la suivante, l'hypnose ericksonienne, qui est la plus répandue. Très douce, c'est aussi celle qui ressemble le plus à la sophrologie. Elle permet de traiter la plupart des problématiques mais n'est pas adaptée à tout le monde. Le fondateur en est Milton Erickson (1901-1980), psychiatre et psychologue américain. Il utilise désormais des suggestions non plus directes comme en hypnose classique comme : « Asseyez-vous sur ce fauteuil et fermez les yeux » mais des suggestions indirectes qui respectent davantage la personne : « Vous souhaiterez peut-être fermer les yeux une fois assis sur ce fauteuil. » Il s'agit de dire la même chose sans faire penser à un ordre, la personne développe moins de résistances.

Il existe aussi une hypnose dite « moderne ou intégrative », qui associe l'hypnose ericksonienne à d'autres techniques plus modernes comme la programmation neurolinguistique (PNL) très utilisée également et dont nous parlerons juste après.

Enfin l'hypnose humaniste, développée par Olivier Lockert il y a une trentaine d'années, induit ce qu'il appelle un état de conscience « augmentée » : état d'hyperconscience lors duquel les suggestions du thérapeute n'ont plus vraiment d'impact à ce niveau.

L'hypnose s'apprend : on recense différents courants et écoles, proposant des formations allant du niveau technicien 1 à celui de maître praticien. Le premier est parfois rébarbatif pour les sophrologues car il reprend nombre de notions déjà connues (rapport au client, anamnèse, posture thérapeutique...). C'est pourquoi j'ai créé, il y a quelques années, une formation en hypnose dédiée aux sophrologues, afin de gagner du temps et d'utiliser, comme un tremplin, ce que les sophrologues savent déjà faire pour aller plus vite et plus loin.

Le fait de proposer l'hypnose à la place de la sophrologie peut être intéressant pour diverses problématiques comme le sevrage du tabac, la gestion des traumatismes, des émotions fortes comme la colère, la tristesse ou la peur qui font parfois blocage. Il m'arrive très souvent, à la fin d'une anamnèse, de proposer l'hypnose. Parfois encore, une personne venue pour la sophrologie me dit, une fois renseignée et rassurée, que finalement elle préfère essayer l'hypnose.

Les sophrologues sont avantagés car ils ont déjà pour eux la posture thérapeutique et savent utiliser la voix pour faire entrer une personne en état de conscience modifiée (état sophroliminal), également pour travailler à l'intérieur de cet état.

L'apprentissage de l'hypnose me semble un outil complémentaire et rapidement abordable par un sophrologue qui sait déjà mener une séance, utiliser le *terpnos logos*, les cinq sens, faire une induction et un retour à l'état de veille. L'hypnose pousse plus loin l'anamnèse, permet d'avoir des outils qui servent également pour la sophrologie, mieux utiliser le VAKOG[1] et pourquoi pas, comme je le propose en formation, aborder les bases de la PNL et des métaprogrammes afin de se sentir plus à l'aise lors des animations de séance et surtout répondre au plus juste à la demande et aux possibilités de chacun.

La programmation neurolinguistique (PNL)

Comme son nom l'indique, cette méthode recourt au langage pour « programmer » de nouveaux comportements en utilisant des métamodèles linguistiques. La PNL repose en effet sur l'observation, puis la modélisation et enfin la reproduction de comportements de réussite. Rapidement, d'autres techniques utilisant la visualisation y ont été intégrées, permettant de modifier les représentations mentales d'un souvenir ou de la projection d'un événement, en utilisant les modalités sensorielles propres à chaque individu. C'est une méthode qui mobilise principalement le langage, le corps et les sens. La PNL s'appuie sur des présupposés, sur la « carte du monde » de chaque personne, établie en fonction de sa vie, de ses origines, de ses valeurs et de ses croyances.

Cette technique est apparue en 1972 aux États-Unis, élaborée par Richard Bandler, mathématicien et psychothérapeute, et John Grinder, professeur de linguistique, qui se sont inspirés de travaux de thérapeutes comme Fritz Perls (psychiatre et psychothérapeute, fondateur de la gestalt-thérapie), Virginia Satir (psychothérapeute américaine qui a développé le concept de thérapie familiale) ou de Milton Erickson,

1. Le VAKOG est la stimulation des cinq sens afin d'amplifier les ressentis lors des visualisations, qu'ils soient visuels, auditifs, kinesthésiques, olfactifs ou gustatifs.

psychiatre et fondateur des suggestions directes en hypnose. Le praticien de PNL est alors amené à utiliser un langage volontairement flou, appelé le « Milton Model ».

La PNL connaît un vif succès en entreprise (management d'équipe, communication, négociation), en pédagogie, chez les thérapeutes et dans le domaine sportif. Couplée à l'hypnose, elle se révèle très efficace, parfois plus adaptée à des personnes qui aiment à contrôler.

La discipline est néanmoins très critiquée et diverses associations internationales imposent aux praticiens de suivre un cursus établi et d'adhérer à un code de déontologie afin d'écarter tout danger de manipulation. Le but des intervenants en PNL était au contraire de permettre à leurs clients de devenir autonomes et de réaliser leurs objectifs en s'appuyant sur des ressources inexplorées ou mal exploitées.

Des techniques comme le recadrage, l'ancrage, la dissociation, la synchronisation sont utilisées également dans certains types d'hypnose et parfois en sophrologie, tout comme l'utilisation des modèles des canaux sensoriels (VAKOG), codés par chacun de nous sur la ligne du temps.

Les formations en PNL sont dispensées à différents niveaux : technicien, praticien et maître praticien. En France, tout bon formateur doit répondre aux critères de la fédération NLPNL pour être crédible. La plupart des formations sont généralistes, certaines ciblent les coachs, les hommes d'affaires, les commerciaux. Quelques-unes s'adressent spécifiquement aux thérapeutes.

Bon à savoir

L'utilisation de la PNL se révèle fructueuse lorsqu'une personne est dans le contrôle, la cérébralité. Lorsqu'elle n'est pas très suggestible à l'hypnose, lorsqu'elle est hyper active, c'est une alternative très intéressante à essayer.

Le coaching

Comme la sophrologie, le coaching peut, lui aussi, mener à une certification inscrite au RNCP et s'acquérir par VAE. C'est un métier à part entière.

Le coaching s'appuie souvent sur des techniques de PNL mais aussi sur d'autres techniques comme le Process Communication Model (PCM), élaboré au début des années 1980 par le psychologue Taibi Kahler. Le PCM permet de prendre en compte rapidement les spécificités de chaque individu (mode de communication, de fonctionnement, points forts, faiblesses, motivations...) et, grâce à un modèle de communication, de s'adapter à son mode de fonctionnement et de résoudre les problèmes psychologiques. Le PCM est surtout utile pour le management d'équipe et la vente.

Le coaching est très influencé par l'analyse transactionnelle ou l'approche systémique de la fameuse école de Palo Alto, laquelle part du postulat qu'« il est impossible de ne pas communiquer ». En analyse transactionnelle, méthode mise en place par le psychiatre américain Éric Berne dans les années 1950, la personne apprend à identifier les facettes de sa personnalité. Afin de communiquer nous utilisons en effet trois modes principaux : Enfant, Parent, Adulte qui varient en fonction des circonstances. Nous apprenons donc au client à décoder, au travers de ces différents types de réaction, ses « transactions », c'est-à-dire le type d'échange qu'il met en place avec les autres, permettant d'améliorer et de mieux gérer sa communication.

Le travail s'accomplit sur la représentation des faits et non sur les causes. On peut donc modifier leur représentation. Quels sont les jugements du client, sa représentation, les règles qu'il s'est créées ? Finalement, pourquoi le problème persiste-t-il dans le temps ? Un autre des outils utilisé est l'« intervention paradoxale ». Les solutions trouvées par le client ne faisant qu'entretenir le problème dans la durée, l'idée est d'identifier le système initialement mis en place par la personne (et qui ne fonctionne pas), d'en observer les ressources, les bonnes raisons, le bénéfice caché, les faiblesses et la logique, puis de le recadrer et de le modéliser.

Dans la logique paradoxale, il ne s'agit pas de combattre le symptôme (le client risquerait de l'amplifier) mais, au contraire, de le prescrire (le client produit volontairement le symptôme en tâchant de regagner du contrôle).

Le coaching peut davantage être utilisé lorsqu'une personne souhaite changer d'orientation, pour l'aider concrètement à le faire ou si elle désire s'entraîner pour un événement particulier comme un marathon ou un entretien d'embauche.

Lectures pour approfondir

Si ces sujets vous intéressent, je vous conseille l'ouvrage de Giorgio Nardone et Paul Watzlawick, *Stratégie de la thérapie brève* ; et celui de Kate Burton et Romilla Ready, *La PNL pour les nuls*.

La méthode Emotional Freedom Techniques (EFT ou « techniques de libération émotionnelle »)

Cette méthode, créée en 1995 par Gary Craig, ingénieur diplômé de l'université de Stanford et maître praticien en PNL, a depuis été renommée « Gary's Official EFT™ ». Vous aurez peut-être entendu parler de son système de *tapping* : tapoter sur des points précis du corps humain tout en répétant quelques formules (en fonction de votre problématique), afin de libérer l'énergie accumulée sur ces points, lesquels correspondent à des points d'acupuncture des méridiens de la médecine traditionnelle chinoise.

L'EFT part du principe que le corps conserve, même si nous n'en avons pas conscience, des nœuds qui bloquent le flux énergétique. Taper sur ces points permettrait à l'énergie de se libérer et rééquilibrerait les méridiens perturbés, afin de garder la mémoire d'un événement sans en subir la charge émotionnelle.

Selon Gary Craig, on peut donc recourir à l'EFT pour tous les problèmes émotionnels : tristesse, colère, culpabilité, peur mais également pour des syndromes post-traumatiques, des douleurs ou autres problèmes physiques.

Pour en savoir plus sur la méthode et les formations, consultez le site officiel : https ://official-eft.com

En 2016, Craig a annoncé la création de Centres de formation EFT en différentes langues, dont un en français, avec des modules de 2 à 3 jours en présentiel (la plupart du temps en Suisse) ou en ligne (incluant fondamentaux, exercices pratiques supervisés et webinaires[1]). Le cours de base en ligne est à 220 euros.

La cohérence cardiaque

La cohérence cardiaque est très efficace pour rapidement contrôler un stress, un état d'anxiété et faire baisser la tension artérielle. En France, cette technique a été rendue célèbre par le Dr David Servan-Schreiber, qui évoque la méthode dans son ouvrage *Guérir.*

La cohérence cardiaque part d'un principe simple, observable par tous : une émotion quelconque ou une situation de stress provoque une accélération du rythme cardiaque. Nous constatons donc qu'existe bel et bien un lien entre le cerveau et le cœur. Le cerveau envoie un message et le cœur réagit immédiatement.

La cohérence cardiaque (cette technique existe en fait depuis la nuit des temps et notamment dans les arts martiaux) utilise ce principe de lien en l'inversant, du cœur vers le cerveau. Pour résumer : permettre au cœur de battre de manière cohérente à un certain rythme envoie au mental l'information que « tout va bien » puisque c'est ainsi qu'il bat quand nous sommes dans un état calme.

Vous me direz : c'est bien beau mais comment influer sur des battements anarchiques et incohérents ? Eh bien justement, cette méthode permet, en quelques respirations, de *contrôler* les battements du cœur. Simple mais redoutablement efficace, un peu comme un accélérateur et un frein. Travailler la respiration permet de contrôler les variations de fréquence cardiaque et, par conséquent, d'influer sur le fonctionnement du cerveau : CQFD !

La cohérence cardiaque est un « plus » à proposer à vos clients. Il s'agit de faire entrer en cohérence battements du cœur et respiration : cela se pratique de manière très simple et naturelle, en respirant à un certain rythme pendant cinq

1. Webinaire : néologisme désignant un séminaire en ligne.

minutes. Cette respiration va créer – de manière artificielle mais mesurable – un état d'équilibre physiologique, mental, émotionnel et physique qui durerait de deux à six heures après seulement cinq minutes de cohérence.

On peut se former en ligne à la cohérence cardiaque afin d'obtenir une certification d'intervenant en cohérence cardiaque (bien qu'un *diplôme* soit proposé, je ne suis pas sûre de sa légitimité juridique). Il existe également un niveau praticien, qui inclut un logiciel de *biofeedback* mesurant en temps réel ce qui se passe au niveau physiologique et ouvre l'inscription à l'annuaire des praticiens. La formation 1 et 2 coûte 480 euros.

Plusieurs types de logiciels (prix : de 289 à 455 euros), couplés à un capteur de pouls, mesurent l'activité et la traduisent en graphiques afin de parvenir à un fonctionnement optimal.

Ce n'est pas vraiment une pratique ni une méthode mais plutôt un état obtenu en adoptant un certain rythme respiratoire, que chacun peut pratiquer seul. De nombreuses applications (Respirelax, CardioZen, Kardia...) permettent de suivre ce rythme respiratoire à peu près n'importe où et à n'importe quel moment.

Comme on a tous un rythme respiratoire différent, vous pouvez également vous procurer pour votre cabinet le matériel Urgofeel de chez Urgotech pour environ 90 €. Grâce au Bluetooth, il permet de mesurer le rythme cardiaque de votre client et son évolution en le positionnant sur l'index. C'est un système efficace, fiable et facile d'utilisation que j'utilise régulièrement.

La méthode TIPI (Technique d'Identification sensorielle des Peurs Inconscientes)

Assez peu connue en France, développée par Luc Nicon suite à des recherches sur les mécanismes émotionnels, c'est une méthode qui permet de revivre d'une manière sensorielle l'origine de nos peurs inconscientes. Elle s'appuie sur le principe que nous sommes tous capables de réguler de manière autonome nos émotions. Souvent le temps le permet mais pas toujours : « *Le mécanisme est bloqué et la perturbation empire au fil du temps* » (voir Luc Nicon, *Revivre sensoriellement*,

Éditions Émotion forte, 2013).

La technique est simple et consiste à écouter son corps et à laisser passer les manifestations physiques d'un mal-être, sans contrôle, sans *a priori*, ce qui est le plus difficile, sans non plus chercher ni à les modifier, à les amplifier ou à les analyser, juste les laisser se modifier d'elles-mêmes.

Au bout de quelques secondes de différentes manifestations qui peuvent être très désagréables (maux de ventre, nausées, maux de tête, poids sur la poitrine, palpitations cardiaques...), les phénomènes s'apaisent et disparaissent d'eux-mêmes.

En général une séance suffit, il en faut parfois deux ou trois mais pas davantage.

Pour en savoir plus vous pouvez également lire l'ouvrage de Luc Nicon, *TIPI*, paru en 2007 aux Éditions Émotion forte, qui propose le compte rendu d'une étude réalisée sur 300 personnes.

D'autres **pratiques**

Il existe bien sûr d'autres techniques et formations possibles, plus ou moins longues, comme psychopraticien, psychothérapeute (sachant que, depuis juillet 2010, la loi dite « Accoyer » réserve le terme de psychothérapeute aux diplômés en médecine ou psychologie), l'apprentissage de thérapies comportementales et cognitives, l'art-thérapie, la luminothérapie, l'Eye Mouvement Desensitization and Reprocessing (EMDR) qui utilise la stimulation sensorielle des deux hémisphères du cerveau... Mais il faut déjà être psychiatre, psychologue ou psychothérapeute pour accéder à une formation dans ces domaines.

Chaque jour apparaissent d'autres techniques, plus ou moins pertinentes, plus ou moins loufoques : à vous de vous informer, de les tester, de vous sentir ou non à l'aise au point de souhaiter les exercer.

Bon à savoir

Vous pouvez également vous former à des disciplines comme la naturopathie, la sexothérapie, la diététique, le yoga Nidra et les intégrer à votre pratique. Ou, si vous avez déjà une formation initiale comme infirmière, sage-femme, dentiste, ajouter ces méthodes à votre pratique de manière à soulager vos clients et à leur apprendre à se détendre rapidement.

Conclusion

Quel avenir pour la sophrologie ?

La sophrologie va-t-elle continuer de faire des adeptes ? Ce métier relativement récent a-t-il un avenir ? La discipline va-t-elle perdurer longtemps après la mort, en 2017, d'Alfonso Caycedo son fondateur ?

Le métier n'a cessé de se développer depuis une soixantaine d'années, surtout en Europe — en France, en Espagne —, c'est pourquoi je suis très optimiste. En Suisse, les séances sont désormais remboursées par la Sécurité sociale car l'on considère le sophrologue comme un professionnel de santé. La sophrologie commence également à se faire connaître en Angleterre, en Allemagne et en Europe de l'Est. Elle s'exerce aussi au Canada, au Québec mais tout reste à faire aux États-Unis par exemple, où elle est très peu représentée, voire quasiment inexistante. Il y a encore tant à accomplir pour la faire connaître ! C'est très enthousiasmant. Le nombre de personnes qui ont besoin de ces techniques pour gérer le stress, le sommeil, se recentrer sur soi est en constante progression.

Bien qu'il soit concurrencé par d'autres méthodes qui prennent en charge le stress et l'être humain dans sa globalité, je suis convaincue que ce métier a beaucoup d'avenir, s'il continue d'être bien encadré et sérieusement exercé. On estime aujourd'hui entre 8 000 et 10 000 le nombre de sophrologues exerçant en France, effectif qui va continuer de croître vu le nombre de stagiaires en formation. Jusqu'à présent, chacun trouve encore sa place, avec sa manière d'exercer, son originalité, son type de clientèle. La question se pose néanmoins d'un futur déséquilibre entre l'offre et la demande tant il y a de sophrologues formés chaque année.

Parallèlement, la demande de prise en charge par des thérapies douces est en constante augmentation et de plus en plus de mutuelles remboursent les séances de sophrologie, ce qui est une excellente chose. Le public souhaite trouver des alternatives aux médicaments, antidépresseurs, anxiolytiques et somnifères.

Enfin, nous l'avons vu, ce métier jadis réservé à des pathologies lourdes et au monde médical se développe aujourd'hui dans de très nombreux domaines comme l'éducation, l'entreprise, le sport, les activités de loisirs...

À mon sens, la sophrologie a un bel avenir devant elle car c'est une méthode sérieuse, efficace et simple qui, exercée par un praticien formé et compétent, a toutes les chances de s'implanter durablement. Espérons qu'elle se développera davantage à l'étranger.

Pour en revenir à la question personnelle : « Ce métier est-il fait pour moi ? », vous avez désormais toutes les clés pour répondre, de manière tant intuitive que rationnelle. Êtes-vous prêt à restructurer votre vie – personnelle, familiale, professionnelle – pour vous installer ? J'insiste non pour vous décourager, bien au contraire, mais pour vous inciter à faire un choix réfléchi et y consacrer toute votre énergie, sans perdre votre temps.

Chacun trouvera sa propre motivation à se lancer ou pas dans cette belle aventure, en connaissance de cause.

Les principaux avantages sont d'exercer un métier par passion, ce qui donne du sens à la vie. N'est-ce pas l'essentiel ? Tout cela en gérant votre planning comme bon vous semble, sans patron ni hiérarchie. Exercer un métier utile, qui procure cette satisfaction rare d'aider les autres. Un métier dans lequel il est difficile de s'ennuyer tant il y a à apprendre, à comprendre, à pratiquer de manière variée et créatrice. Chaque histoire de vie est passionnante, parfois tellement plus étonnante qu'une fiction. La confiance de ceux qui vous livrent leurs secrets est si touchante que vous aurez envie de donner le meilleur pour les en remercier. Souvent la gratitude en retour est un cadeau inestimable et qui nourrit longtemps. Il m'arrive de relire les mots envoyés par mes clients lorsque je n'ai pas le moral ou qu'une journée a été particulièrement difficile : cela me met immédiatement du baume au cœur et me redonne l'envie de continuer !

Bref, vous l'aurez compris, j'adore ce métier et j'estime avoir beaucoup de chance de l'exercer. C'est pourquoi j'ai voulu vous faire partager mon enthousiasme, tout en vous mettant en garde contre les difficultés de la pratique thérapeutique – qu'il s'agisse d'un premier choix ou plus encore d'une reconversion – afin que vous ne vous lanciez pas à la légère dans cette formidable aventure.

Je vous souhaite le meilleur, en toute bienveillance et objectivité !

Liste des sigles et des abréviations

Accre : aide aux chômeurs créateurs ou repreneurs d'entreprise.

Ad'AP : agenda d'accessibilité programmée.

Adeli : Automatisation DEs LIstes (système d'information national sur les professionnels de santé).

APE : activité principale exercée (code d').

Arce : aide à la reprise ou à la création d'entreprise (= versement en capital des allocations chômage).

ARE : allocation de retour à l'emploi.

AS : assimilés salariés.

BGE : boutique de gestion Espace.

CA : chiffre d'affaires.

CCDSA : commission consultative départementale de sécurité et d'accessibilité.

CDI : contrat à durée indéterminée.

CE : comité d'entreprise.

CEC : compte d'engagement citoyen.

CEP : conseiller en évolution professionnelle.

CFE : cotisation foncière des entreprises.

CFP : contribution à la formation professionnelle.

CHU : centre hospitalier universitaire.

CIF : congé individuel de formation.

CNCP : commission nationale de la certification professionnelle. Voir aussi RNCP.

CPF : compte personnel de formation.

DIF : droit individuel à la formation.

DDPP : direction départementale de la protection des populations (ministère de l'Économie).

DRH : direction des Ressources humaines.

ECM : états de conscience modifiés.

EFT : Emotional Freedom Techniques (techniques de libération émotionnelle).

EHPAD : établissement d'hébergement pour personnes âgées dépendantes.

EI : entreprise individuelle (ou : exercice en nom propre).

EIRL : entreprise individuelle à responsabilité limitée.

EMDR : Eye Movement Desensitization and Reprocessing (désensibilisation et retraitement par les mouvements oculaires).

ERP : établissements recevant du public.

EURL : entreprise unipersonnelle à responsabilité limitée.

Fongecif : fonds de gestion des congés individuels de formation.

HT : hors taxes.

IR : impôt sur le revenu.

IS : impôt sur les sociétés.

ISOPCA : organisme paritaire collecteur agréé.

ORL : oto-rhino-laryngologie.

PASS : plafond annuel de la Sécurité sociale.

PCM : Process Communication Model.

PNL : programmation neurolinguistique.

RC Pro : responsabilité civile et professionnelle (assurance).

RCS : registre du commerce et des sociétés.

RH : ressources humaines.

RNCP : Répertoire national des certifications professionnelles. Voir aussi CNCP.

ROME : répertoire opérationnel des métiers et des emplois.

RSI : régime social des indépendants.

SARL : société à responsabilité limitée.

SAS : société par actions simplifiée.

SASU : société par actions simplifiée unipersonnelle.

SEL : société d'exercice libéral.

Siret : système d'identification du répertoire des établissements (numéro).

TCC : thérapie comportementale et cognitive.

TMS : troubles musculo-squelettiques.

TNS : travailleurs non salariés.

TVA : taxe sur la valeur ajoutée.

Urssaf : union de recouvrement des cotisations de Sécurité sociale et d'allocations familiales.

VAE : validation des acquis de l'expérience.

VAKOG : visuel, auditif, kinesthésique, olfactif et gustatif.

Bibliographie

Quelques ouvrages à lire pour mieux connaître la sophrologie, certains sont plus techniques que d'autres, il y en a pléthore. L'idée n'est pas de vous submerger de références mais de vous proposer celles qui me semblent importantes pour débuter.

À lire pour commencer

- GAUTIER, Pascal, *Je découvre la sophrologie*, 3e éd., InterÉditions, 2017.
  Ce livre explique simplement la sophrologie et ses champs d'application. Bien pour une première approche.
- CHAPELLE, Cindy, *La Sophrologie pour les nuls*, First éditions, 2014.
  Un livre qui tient la route, pour commencer ce n'est pas la peine de chercher plus loin. Il existe également un kit avec CD audio pour une dizaine d'euros de plus permettant de tester des exercices.
- DAVROU, Yves, *La Sophrologie facile : 30 exercices simples, relaxants et dynamisants*, Marabout, 2013.
  Un livre facile pour grand public, parfait pour commencer et découvrir des exercices simples de sophrologie.
- JAMELOT-BONNAILLIE, Anne, *En quoi le fait de remuer les épaules va m'aider à aller mieux dans ma vie ? Et autres questions souvent posées par les débutants en sophrologie*, Books on demand GMDH, 2014.
  Le message est clair, vous comprendrez mieux l'intérêt des exercices sachant que ces questions peuvent également être posées par vos clients.

- ZUILI, Alain, *40 Courtes Séances de sophrologie pour mieux gérer le quotidien*, Le Courrier du Livre, 2017.
  Cet ouvrage est davantage destiné au grand public, il vous permettra de tester pour vous-même des exercices de sophrologie, vous y trouverez également des témoignages d'accompagnements.
- BINET, Florence, *121 Astuces de sophrologie et autres petits bonheurs pour une pratique facile au quotidien*, Le Souffle d'or, 2014.
  Ce livre est davantage destiné à tester la sophrologie facilement et s'adresse au grand public.
- CHÉNÉ, Patrick-André, *S'initier à la sophrologie – Mes premières séances* (livre + CD), Éllébore éditions, 2017.
  Le Dr Chéné est une référence dans le milieu de la sophrologie, il a aussi publié dans la même collection : *S'initier à la sophrologie – Les techniques de* base (livre + CD), 2014.

Pour plus tard

- ETCHELECOU, Bernard, *Grand Manuel de sophrologie*, Dunod, 2017.
  Un livre assez onéreux (env. 40 euros) mais important et qui référence 100 exercices sur 20 domaines d'application.
- ETCHELECOU, Bernard, *Comprendre et pratiquer la sophrologie*, InterÉditions, 2015.
- CHÉNÉ, Patrick-André, *Sophrologie T1 – Fondements & méthodologie*, Ellébore éditions, 2014.
  Comptez 49 euros, c'est un ouvrage indispensable pour un sophrologue mais assez complexe pour un néophyte.
- CHÉNÉ, Patrick-André, *Champs d'Application T2*, Ellébore éditions, 2015.
  Au même tarif que le précédent. Il existe également un T3 sur la médecine mais je ne conseille pas de le lire pour une première approche, c'est trop technique,

de même que d'autres ouvrages du Dr Chéné sur différents thèmes comme les relaxations dynamiques, le stress, l'accouchement, incontournables mais dans un second temps.

- ALIOTTA, Catherine, *Manuel de sophrologie – Fondements, concepts et pratique du métier*, 2e éd., InterÉditions, 2018.
  Un manuel pédagogique bien ficelé qui est obligatoire si vous suivez sa formation, tout comme celui intitulé *Protocoles de Sophrologie – 20 cas pratiques* chez le même éditeur.
- BASTE, Nathalie, *Aide-Mémoire – Sophrologie en 68 notions*, Dunod, 2014.
  Concepts, applications thérapeutiques et principes méthodologique, tout y est et l'ouvrage est facile d'accès.
- ABREZOL, Raymond, *Vaincre par la sophrologie : Exploiter son potentiel physique et psychologique*, tome 2 « Exercices pratiques », Lanore, 2008.
  Ce livre contient des exercices pratiques, il permet de mieux comprendre comment la sophrologie peut aider à trouver ses ressources.

Il existe bien sûr d'autres livres plus spécialisés en sophrologie, sur l'enfance, l'adolescence, l'accouchement, la sexualité, l'entreprise, la gestion du stress, l'amélioration du sommeil, le sport, etc., que vous pourrez consulter au fil du temps.

Deuxième tirage 2020
Achevé d'imprimer en Avril 2020 par l'imprimerie Sepec - 21682200420
Dépôt légal : Mars 2020